U1015296

阅读成就思想……

Read to Achieve

WILEY

The Effective Manager

沟通问题书

经理人必知的高效管理法

[美]马克·霍斯特曼（Mark Horstman）著　　郑纪愿 译

中国人民大学出版社
· 北京 ·

图书在版编目（CIP）数据

沟通问题书：经理人必知的高效管理法 /（美）马克·霍斯特曼（Mark Horstman）著；郑纪愿译 .— 北京：中国人民大学出版社，2019.7
书名原文：The Effective Manager
ISBN 978-7-300-26934-4

Ⅰ . ①沟… Ⅱ . ①马… ②郑… Ⅲ . ①管理学 Ⅳ . ① C93

中国版本图书馆 CIP 数据核字（2019）第 080261 号

沟通问题书：经理人必知的高效管理法
［美］马克·霍斯特曼（Mark Horstman） 著
郑纪愿 译
Goutong Wentishu : Jingliren Bizhi de Gaoxiao Guanlifa

出版发行	中国人民大学出版社		
社　　址	北京中关村大街 31 号	**邮政编码**	100080
电　　话	010-62511242（总编室）		010-62511770（质管部）
	010-82501766（邮购部）		010-62514148（门市部）
	010-62515195（发行公司）		010-62515275（盗版举报）
网　　址	http://www.crup.com.cn		
经　　销	新华书店		
印　　刷	天津中印联印务有限公司		
规　　格	170mm×230mm　16 开本	**版　次**	2019 年 7 月第 1 版
印　　张	11　插页 1	**印　次**	2019 年 7 月第 1 次印刷
字　　数	146 000	**定　价**	59.00 元

写给管理者的沟通问题书

如果你是一位管理者，那这本书就是为你而写的；如果你曾经挣扎于团队的领导工作，或者不知道该如何处理复杂的情况，那这本书就对你有用；如果你发现在对人的管理上（即本书的全部内容）有时会变得很难，那这本书就一定是为你准备的。

首先要明确的是，本书说的“管理”与大多数商业出版物所谈的并不一样。对它们而言，“管理”是指像战略、财务或组织变革等那种宏大的组织思想。如果你浏览一下《华尔街日报》的管理专栏，就能看到许多这类主题的文章，而这些并不是本书要关注的内容。坦白来说，如果你是一位一线管理者或者一位主管，你就不必对那种“管理”了解太多，你需要了解的是如何管理人。如果你的情况的确如此，那这本书就非常适合你。

本书的全部内容都是在讲如何管理人。它讲到了如何充分利用你的直接下属，主要是大多数管理者在管理人方面都做得很差，而这却是最能体现管理者价值的地方。

是不是很失望？大多数管理者在他们本该做好的最重要的事情（让他们的下属做出最佳的成绩）上表现得很糟糕。

在某种程度上，这并不奇怪。许多人认为，获得 MBA 学位就能使他们成为管理者。然而，MBA 的课程却不会讲太多关于“怎样管理人”的问题。部分原因是许多管理学教授从未管理过一支对他们自身的产出负责的团队，同时人们也不会被简单置于完全概念化的模式中，尽管这种模式是易于分析和可衡量的。人是复杂的。

有相当一部分管理者是这样描述他们所接受的“培训”的：“我确实升职了，而他们并没有告诉我，他们希望我做什么，以及希望我怎么去做。他们只是给了我一支团队，然后祝我好运。”

几年前，在我供职的一家大企业里，一位新的管理者在他升职的那天告诉我，他的新上司交给他有关团队成员的一摞文件，然后指着一处角落说：“你的团队成员们坐在那边，靠窗的位置。”

这确实很伤脑筋。但好的一面是，你并不是一个人。如果你觉得别人都知道自己在做什么，只有你自己不清楚，那你就错了，因为几乎没人会知道该做什么。

所以，你可以让自己放松一下，从烦恼中抽身出来。你在做的是一份艰难的工作，并且你也没有做好充分的准备。这正是我写这本《沟通问题书》的原因。

在本书中，我会提出具有操作性的意见。通常情况下，我不会告诉你该“如何去做”“怎样表现”或“保持什么态度”，尽管这些是我工作的一部分。在为管理者提供咨询服务 25 年后，我认为你持有什么态度其实关系并不大，因为世人的所有态度都不会影响最终的结果，唯一能改变结果的事情是你改变自己的行为！

几年前，一位高级副总裁让我教练他的关键团队成员保罗。他说，他的这位总监下属是一位才华横溢的人，具备成为一位资深管理者的所有条件。但问题是，相比他的同事而言，他在公开演讲方面表现很差，他也没想过要把它提升到更高的水平。因为那样的话，他就要经常进行演讲了。此外，他在演讲时还会紧张，面对观众对他而言无疑是一种折磨。

我让保罗在我面前演示一下，结果他极度紧张。就当时的情况来看，他想要在职业生涯中走得更远是不可能的。我至今仍然记得，当时我甚至怀疑他是如何晋升到现在的职位的。他的上司庇护了他，而且坦白来说，这可能是一次好的变化，尤其是对于保罗这种糟糕的情况而言。

我觉得我可以请个催眠师，或者我也可以模仿理疗师来试着“理解”保罗的情绪状态。但是，实际上我并不关心保罗有多紧张；我关心的是，是什么使得观众认为保罗很紧张。如果我可以帮助他消除所有观众认为的“紧张”行为，他就能正常表现了。

可能这一点会让你感到奇怪。我们来做个思想实验。假设保罗在接下来的一周里，能够站在高管团队面前进行精彩展示，没有长时间尴尬的停顿、口吃、像“被车灯惊吓的小鹿”一样的瞬间，也没有任何吞吞吐吐的样子。

这样的话，保罗的上司肯定会想：“他成功了！”他也许会对保罗说：“你胜利了，你不会紧张了！”

但我可以告诉你，保罗会这么说：“不可能啊，我这么紧张，在演讲的时候我差点都要吐了。”

现在你理解了吧？观众是不会对演讲者的紧张做任何反应的，他们只是对他们看到和听到的那些他们认为是紧张的行为有所反应。如果保罗确实紧张，但他没有表现出紧张的样子，那么他的观众会注意到吗？当然不会，他们会认为保罗很自信。

假设保罗并不紧张，但是他表现出了紧张的人才有的状态，那么观众会怎么认为呢？他们会认为保罗很紧张，不够自信。在高层领导这里，那就相当于一个死亡之吻[①]了。

工作上的成功与你的行为有关——你是自己行为的代言人，别的东西对你几乎没什么影响。这也是《沟通问题书》要讲的内容。

关于“管理者工具”栏目的说明

我有一家公司，是与我的优秀的生意伙伴迈克尔·奥森尼（Michael Auzenne）一起合办的，这是一家管理咨询公司。我们的目的是在全球范围内培养管理人员，也为全世界的企业管理者提供全日制培训课程。我们还组织全球培训会，培养个体管理人员。

但是，如果你的公司负担不了你的培训费，你可以从“管理者工具（Manager Tools）”这个播客栏目中免费获取本书提供的指导建议。

在本书的撰写过程中，我们的播客每月的下载量已达到100万次，用户几乎覆盖全球。我们也获得过许多播客大奖，这都归功于我们忠实的受众群体。

我们的播客资料是免费的，因为我们企业的使命是使世界上每位管理者都能高效工作，而他们中的许多人买不起这本书。

我建议你们定期去访问我们的播客栏目以获取更多的资料。我无法把所有的播客资料都放在这里——本书出版时，上传的播客数量将近1000份。通过“场景预设

① 故事来自《圣经》。耶稣在与十二门徒们吃最后的晚餐时，知道犹大要背叛他。晚餐结束后，耶稣来到客西马尼园祈祷，犹大带来的全副武装的士兵闯入园中，按照事先说好的，犹大亲吻耶稣，以“死亡之吻”告诉士兵耶稣的身份。耶稣被带走并被审判，最终被钉死在十字架上。此后，“死亡之吻”就被引申为：表面上的好意，实际上是置你于死地的行为。——译者注

（There's a Cast for That™）”这个栏目，你会看到很多书中的例子。

关于数据的说明

在过去 25 年里，我们测试过不同的管理者行为和工具，想以此来看看哪些奏效，哪些不奏效。我很反感我接受的那些管理者培训以及我读过的那些书中基本都充斥着的某些个人观点，要么就是先提出一个想法，再通过一些轶事来支撑其观点。在“管理者工具”这个栏目中，我们欣赏的格言是：“再多的逸闻也替代不了数据。”

我们测试过，也据此改进了书中所列的四条基本建议。我们在不同的时间里调研过 9.1 万多名管理人员，对他们的不同行为、反馈和效果都做过实验。

在多数测试中，我们会追踪实验组和控制组管理人员的业绩和人员保留情况。在进行“四类最高效的行为”的实验中尤其如此。我们也曾对我们推荐使用的许多词句用法做过实验。根据实验结果，我们发现了一些差异。比如，当我们面临选择使用“你愿意……吗”还是“你会……吗”之时，我们会推荐使用“你愿意……吗”这种表达方式。

尽管如此，没有任何调查结果可以完全预测我们推荐使用的工具是如何影响一名管理者的工作业绩、人员保留或人际关系情况的。因为每种情况都不一样。通常，这也是许多寻求我们帮助的管理人员会对我们说的：“我的情况很特殊、不一样、很罕见……”然而，几乎每次都没什么差别。不过，正因为单个管理人员的情况可能有其特殊性，我们会这样说：“我们的指导是针对 90% 的管理者的情况的。”所以，很可能你的情况确实很特殊，但我对此表示怀疑。

目录

第一部分

如何管理，才能成为高效管理者

沟通问题书
The Effective Manager

01

管理者的两大职责

什么是好的管理？仁者见仁，智者见智。当有人告诉你他们知道如何管理，或者管理需要做什么事情时，问问他们“如何衡量好的管理者及其行为”。如果他们不能干脆明确地回答你，那就不必认真对待他们的说法。

我怀疑你是否已经了解了什么是好的管理者，什么是不好的。是什么造成了这种差异？是他们的行为吗？是他们的想法不同吗？是他们的个性差异吗？是他们的感受不同，还是因为他们所受的教育不同？

请用一分钟时间想一想：你如何知道别人是好的管理者？好的管理者的定义是什么？

当我们在“高效管理者会议”上提出这些问题时，得到了各种各样的答案，它们大体如下：

◎ 他们深受同事的喜爱；

◎ 他们喜欢与人交流；

◎ 他们才思敏捷；

◎ 他们关注一切；

◎ 他们注重倾听；

◎ 他们备受尊敬。

这些答案都很好，但它们还不够具体。

假设你手下的一位管理者做到了以上所有方面，在过去三年里，他却从未达成一项组织为他设定的目标，你还会把他当作一位好的领导者吗？当然不会。

管理者的第一职责：达成业绩

这可能是对管理者而言最重要的概念了。你的第一职责不是对你的团队负责，不是对你的下属负责，你不应该先为他们担心。

你的第一职责是达成组织期望的业绩。不管你是一位必须“达成目标销售数字”的销售部经理，还是一位需要“准备季度财报”的会计部经理，抑或是一位必须“在规定时间、规定预算和规定范畴内完成项目”的项目经理，真正要紧的其实是去完成公司期望你做的任何事情。

对许多管理者来说，这个要求会产生一个问题：你可能说不出组织希望你今年完成的五项最关键的任务是什么，你也很可能无法轻松列举出你所负责的关键事项。也许，你只能这么说：“老板想让我关注这些领域。”但这是不够的，因为你无法量化组织期望你完成的事项。

真正使你明确了解自身职责的唯一方法是可以量化的目标。比如说，用数字和百分比形式表示：“每周达成 92% 以上的呼叫成功率”“完成 160 万的销售目标”“维持 38% 以上的毛利率”“货运费用逐年降低 2.7%”等（没有这种目标可能使你感到沮丧或担忧，也许你会认为别人的目标很清晰。不必担心，他们可能也没有）。

职责描述不清晰，会使你无法明确地选择自身的关注点。你会觉得“每件事情都很重要”，你会“尽力完成所有的事情”。当然，你做不到，也许你早就知道了，因为你在没日没夜地工作，但却没做好任何事情。当然了，有这种问题的不只你一个人。

如果你不能随时轻松地列出自己的目标，那就做个记录，然后去找老板，问问他：“你希望我达成什么样的业绩？”“你将以什么样的标准来衡量我的工作？”“客观的评价标准是什么？”“在对我的评价中，什么是你主观上会关注的东西？”如果你想知道关于这类谈话的更多细节，可以参考“场景预设”栏目。

做好记录，然后回到你自己的办公室，重新梳理记录，想清楚自己将采取哪些措施去达成这些业绩。

许多管理者害怕进行这种谈话。他们会想：“如果没有测评，他们就没法用它来对付我。”但是，这种想法是缺乏远见的。测评总会存在。如果你不知道测评是什么样的，它们就可能会被用来对付你，而且你的老板可能会用自己的方式对你进行主观评价。

所以，业绩才是第一位的。那些能够达成良好业绩的管理者相比那些达成一般业绩的人，拥有更加成功的职业生涯。读到这里，你可能会感到有些不快，因为你可能见过不止一位取得了良好业绩的但你却很不屑的领导者。有许多领导者把业绩看得远重于一切，他们认为所有的行为都是为了达成业绩。有些行业，比如说华尔街的金融业，甚至会默许管理者的这种行为。一旦以最终业绩作为评判管理者的手段，那坏事情就会经常发生在他们的下属身上。

太过于关注业绩经常会导致对员工劳动力的过度使用。全球性的工人运动以及工会的开端可追溯到管理活动刚刚兴起不久。那时候，管理者们都被告知“只要达成业绩就行”，他们也是这么做的，然而这一切则是以他们雇用的工人的健康和安全为代价的。于是，在此不久之后，工人们就开始联合起来反抗雇主了。

管理者的第二职责：留住人才

管理高效的现代组织，都会把人员保留率作为除业绩之外的对管理者的重要评估手段之一。它会减缓管理者无休止地单纯关注业绩的趋势。它们希望借此保证管理者的团队成员不会离开组织。

替换员工的代价十分昂贵。当有人离职时，落下的工作需要重新规划，面试需要耗费资金和时间，可能要付给岗位替代者更高的工资，还需要时间和资金去培训新员工，在新人能够胜任离职者留下的工作之前，还需要接受新员工生产力较低的事实。

对当今的管理者而言，只想取得好的业绩是远远不够的。

只有达成业绩并留住人才才能成为高效管理者

在世界顶级的公司里，当高管们聚在一起审视他们的管理者的天分时，管理者的业绩和人员保留率永远都是讨论的中心话题。当他们讨论谁最优秀、谁最该提拔，以及谁“现在可以”或“即将可以”提升的时候，两项指标会被反复提及：这位管理者的工作业绩怎么样？他是否留住了其下属？

如果你想成为高效的管理者，并想最大限度地保证你的工作安全性（或者，也可以说是你的专业满意度），那你就要达成上述这两项指标。你既要知道你的组织（通常是你的上司）是如何衡量它们的，也要选择在能达成业绩的事项上面花点时间。

哪些事情是你可以做的，而且也是最有可能达成业绩指标的呢？

02

达成业绩、留住人才的四个关键行为

『**作者提示：**如果你不想学习我推荐的这些基本准则，你认为自己已经准备好立即去关注行动和方法了，那你就可以跳过本章及第 3 章，直接去看第 4 章“了解下属，从一对一沟通开始”。虽然我不建议这么做，但是如果你没耐心往下看，那就去吧。』

当我与迈克尔·奥森尼一起开始我们的管理生涯时，我们对如何管理别人知之甚少。我们努力学习该做什么和怎么去做，也许这跟你曾经所纠结的和现在所做的事情一样。我们当时并不知道，伟大的管理者在四个关键行为上做得比一般的及差劲的管理者要好得多。当我们理解这四个关键行为后，我们就决定创办“管理者工具”这个栏目，这样一来，管理者们就不必像我们过去那样辛苦地学习了。

能让管理者达成业绩和留住团队成员的四个关键行为如下：

1. 了解你的下属；
2. 进行绩效沟通；
3. 提出更高要求；
4. 向下推进工作。

能够达成业绩并留住人才的管理者在这四个关键行为上几乎总是比其他管理

者做得更好。我用“几乎总是”来表达，因为也有例外。如果你聪明绝顶——达到了比尔·盖茨、安迪·贝托尔斯海姆（Andy Bechtolsheim）、沃伦·巴菲特或者迈克·莫里斯罗（Mike Morrisroe）的水平，你就很可能比其他人更聪明。但是，你很可能并没有那么聪明，至少迈克尔和我都没那么聪明。

了解你的下属

我们的数据显示，作为管理者，为了提升你的业绩和人员保留率，你需要做的最重要的（和最有效的）事情是，花时间去了解直接下属的优势和劣势。那些知道如何使团队中的每个人效率最大化的管理者，会比那些什么都不知道的管理者获得更明显的效果。了解你的团队最好的方式是定期与他们进行沟通。

尽管你的首要责任还是达成业绩，但你能做的最重要的事情并不是制定战略、委派任务、规划资源或分析优先排序，而是去了解你的下属谁有技能，谁能完成工作。

记录显示，一位管理者可以通过使用手中的权力鼓励员工，从而在短期内有效地提升业绩。但是，一旦把人员保留率作为一项工作目标来考核时，该方式很快就会失效。

我们多年积累的数据表明，大体上，一位优于普通管理者一个标准差并且了解自己的团队成员的管理者，能够产出优于普通管理者两个标准差的结果。[①]

在你看来，为什么会这样呢？不妨想想你与上司的关系吧。你是否想让你的上司“待你像其他人一样呢”？如果是这样，那可能你就不必了解你的下属了。但是，

① 此处是说，对团队成员的了解能使优秀的管理者与普通管理者之间的差距拉得更大，优势更明显。——译者注

我猜这并不是你所希望的。如果你是一位优秀员工，当你知道上司管理你的方式和管理表现差劲的员工一样时，你会做何感想？如果你是一位差劲的员工，你会希望像优秀员工一样接受正常职责之外的任务吗？你可能不会。

实际上，每个人都希望、也应该被当成独立的个体来对待。遗憾的是，大多数管理者所做的却是以自己希望被管理的方式来管理别人（早期我也是这么做的）。这是无经验管理者的“黄金法则”。如果你站在自己下属的角度来看，你就能理解自己对他们所做的事情了。

这种管理方式的问题是，它只对那些跟你相似的人有（一点点）效果。也许你现在是一位软件开发经理，管理着其他开发人员，刚好你的团队大部分成员都跟你类似。如果你过去曾经是销售代表，现在成了销售经理，管理着其他销售代表，可能你的团队里仍然有一些人与你相似。这里的问题是，它只是在有限的水平上有那么一点效果。如果你渴望更多，你的“黄金法则”只会让你失望。

给组织带来业绩的是员工以及其行为（不是制度，不是程序，不是电脑，也不是机器）。业绩是你的首要职责。我们都有特殊性——每个人都是如此。是什么使得作为管理者的我们认为，一种尺度会适应所有的情况呢？一种尺度也许会更简单，但它不会更有效。并且，如果你担心成为管理者需要做很多工作的话，那本书会告诉你，事实其实不是这样的。

如果你的上司与你不同——他满怀激情，但你保守且多虑，或者他聪明而善于分析，但你喜欢与人结交，那么你成功的可能性就会降低。

当然，随着组织扩大规模，我们也将不得不学习去管理一些与我们不同的人。那就意味着，是否愿意接受调整取决于你所管理的人（就像你希望你的上司对你做的一样）。

在这一点上，如果你像我们这些年所教练的成千上万名管理人员一样，你很可能会考虑以下二者之一：

A. 实际上，我认为我很了解我的下属；

B. 不需要，我一直在与下属沟通。

我们来逐一看看这两个观点。第一，“我很了解我的下属”。也许确实如此，但是绝大多数这么认为的管理者实际上并不了解他们的下属。我猜你同样认为自己很了解下属，但我敢打赌，其实你并不了解。

这里有一个判断你对团队成员了解程度的思想实验。先想想对你而言什么更重要：家庭还是工作？对于大多数人来说，答案是家庭，当然这也是合情合理的。

然后想想自己的下属对于同样的问题会如何回答，对他们而言什么更重要：他们的家庭还是工作？不需要思考太多，你就能意识到他们的答案也是家庭为先。你想的当然是对的，我们也已经问过了。

所以，对你的下属来说，他们把家庭看得比工作更重要。你说自己很了解下属，那让我们来测试一下。

你直接下属的孩子们叫什么名字

如果你像我们所问到的大约 95% 的管理者一样，并不知道他们的名字，有相当一部分（也许占 40%）甚至都不知道他们的下属有几个小孩，我们把这个叫作“上下级关系的酸性测试”（参见“场景预设”）。

这当然不是一次结论性的练习。但是，大多数人都认同这是一个合理的预测方法—— 一种公正的代理机制。从你的私人生活角度想想：你的亲密好友知道你所有孩子的名字，这就是他们成为你的亲密好友的部分原因。你那些关系一般的朋友知道你的一些孩子的名字，而只是泛泛之交的人可能连你有没有孩子都不知道。

如果你没有通过测试，那就要想一想：是什么让你认为自己可以让别人全身心地投入工作当中，而你连他们最爱的人的名字都不知道？如果你确实聪明而且工作努力，你本可以做到，但是你忽略了其中的重点：与你所管理的人建立信任关系。

如果你想“我不确定我是否喜欢这种亲密度，我不想与下属成为朋友”，那么你就不能通过测试。许多管理者与团队之间的很多工作都是通过电子邮件来沟通，或者他们把自己看作领导者而非管理者，又或者他们会对自己说：“我不需要‘被管理’，我也不想管理我的团队，他们知道自己该做什么。”关于这一点，我们有许多话要说，但是现在，我们建议你先这么做：每周花 30 分钟与你的每个不大可能成为“朋友”的下属进行沟通。

现在，我们来看看之前提到的第二点：“不需要，我一直在与下属沟通。”当我们建议管理者安排出集中的时间去了解下属时，许多人会对我们这么说，他们一直在与下属通过电子邮件、短信，以及许多面对面的会议进行沟通。实际上，他们觉得自己与下属沟通得如此频繁，以至于他们几乎没时间来处理自己的工作了。

但是，大多数管理者却不知道，与下属的这种会谈是不对等的。他们甚至不知道，那种简单的会谈实际上对于建立关系并没什么作用。

想想吧：像许多管理者一样，你与一些或全部下属坐得很近。很可能某一天，当你坐在办公室（小隔间或隔开的工位）的办公桌上时，你需要与某位团队成员沟通一下。你想发个邮件，但你意识到他应该在工位上，所以你觉得可以走过去直接问他一些情况。你认为这样沟通很好，好吧，看看他会做何反应吧。

你走过去问：“你有时间吗？”你的下属几乎肯定会怎样回答：“当然，有的！”

好吧，如果你的下属不那样回答，是因为他对你有所畏惧。如果他那样回答了，是因为你是他的上司。他知道你可能不只是为了聊天，你去那里是因为你想要什么东西。这并不是引入信任关系的谈话的前提。很可能无论你和他闲聊些什么，比如，

“你周末过得怎样”“你丈夫怎样”“你的孩子最近怎样”等，都会在某种程度上被他们理解为“我想知道真实原因……我只有几分钟时间”。

我并不是说你不关心下属的周末生活或他们的伴侣和孩子。我知道你关心，但如果你只是在向他们提问之前才问那些话，那对于你的关心，他们就会有不同的理解。

此外，你意识不到在何种程度上，你与他们的闲聊是由你自己、你的日程，还是由你想要的东西决定的。对你的多数下属而言，当你停下来看着他们时，他们都不大可能会主动地与你随便聊些什么。

让我分享一下多年以来我在与成千上万的管理者一起工作时得到的感悟吧。你的下属不会把你看作一个“友善的人”。我并不是说你不友善，我相信你是友善的，你的下属可能也这么认为。但是，你的下属不会以这种方式来看你，他们只会把你看作上级。这是一个残酷的事实，但却值得铭记在心。你的角色权力决定了你的下属永远不会以你看待自己的方式来看待你。

对于大多数管理者而言，我们的额头上好像都有个标记。对于我们的下属而言，它是可见的，上面写着：“注意了，我是你的上司，我可以随时解雇你。”当你控制着别人的衣食住行的时候，他们看待你的方式就会与你看待自己的方式大相径庭。

如果你对此有所质疑，如果你觉得自己与众不同（你觉得自己是受人拥戴的，团队成员也不会惧怕你），那你不妨想一想：你会把所有的事情都告诉你的上司吗？当然不会。

所以，你的下属也不会把所有的事都告诉你，因为你是他们的上级。即使你每天早上照镜子时都认为自己是最好的人，即便他们都承认你确实是个好人，你仍然是他们的上级，你的角色权力使得这种关系发生了变化。

我曾经给我们所培训的管理者放映过一些管理者与下属沟通的录像。通常录像只有一分钟时长，由六个 10 秒钟的视频组成，内容是两个人在公司的走廊上谈话。选择这些录像的原因是，它们都展示了管理者及其下属的沟通情况。所有视频都是由摄像头拍摄的，没有声音，只有黑白影像。观看视频的管理者不认识视频中的人，而且视频中的人物都穿着休闲装。

针对每个 10 秒的视频我们都安排了一个小测试，让观看者基于他们的举止、肢体语言和对话互动（自然也是无声的），来猜测谁是管理者，谁是下属。

管理者几乎每次都能答对。他们可以区分出谁是管理者，那你也一定可以。我们作为管理者的角色权力，可以影响我们与团队成员的每次互动交流。

很可能当你与下属谈话的时候，你会忽略你的角色权力对他们的影响。因为你在聊天并不等于你在建立关系，你的下属可能会想："我在等着你布置任务。"

要建立信任关系，需要的不仅仅是闲聊，不仅仅是"一直与下属沟通"，根据我们对高效管理者的衡量结果，这种关系中的信任也非常重要。管理者与下属之间信任关系的建立甚至比朋友之间更费时费力。

总体来说，团队成员越信任管理者，业绩的达成情况就越好，人才的保留率也就越高。

我曾经读过的最好的商业书籍之一是《信任的速度》（*The Speed of Trust*），作者是史蒂芬·柯维（Stephen M. R. Covey）。柯维认为，如果我信任我的下属，就可以少花些时间跟他们说任务的细节、检查他们的工作，以及让他们频繁地汇报事情的新进展。当然了，我仍然要检查他们的工作，也仍然需要他们报告事项，但是现在我们彼此都可以少花很多时间了，我们可以有更多的时间来达成业绩。

当我信任我的上司时，我就会少花些时间来考虑他的意图，也无须太担心自己是否做好了所有的事情。我不必事后想“为什么”要做某个任务、某项授权，也不必为了推掉某件事而寻求同事的“政治支持”。我们有更多的时间去考虑业绩。

想想你自己和你的“团队”吧。我给团队标注了双引号，是因为你和你的下属实际上并不是，也可能从未成为一支真正的团队。虽然现在提到“团队”已不是什么新鲜事，因为几乎每个人都会谈论它，但事实的确如此。

想一想，你是否曾经在这样一个团队中待过：该团队的某个成员可以把你踢出队伍？你也许会说：“呃，我曾经的校园足球教练可以把我踢出队伍。”但是，你的足球教练并不是你的“团队”的一部分，不是吗？

当我们给管理者一份包含管理者及其下属的组织架构并让他们画出自己的团队时，管理者基本都会把自己和团队成员圈在一起。但是，当我们把架构图展示给团队中的下属们时，他们只会圈出自己和同级伙伴，而忽略了管理者。

这没什么问题，因为对于所有的管理者和同属一支团队的下属来说，他们真正需要的并不是团队，而是能使高绩效团队工作高效的内在要素。

信任

许多年前，琼恩·R. 卡岑巴赫（Jon R. Katzenbach）和道格拉斯·K. 史密斯（Douglas K. Smith）合著的具有开创意义的《团队的智慧》（*The Wisdom of Teams*）这本书就告诉我们，团队本身能卓尔不群的关键因素在于，团队成员之间日积月累建立起来的信任。为了使我们的下属表现得更像一个团队，我们就要与他们共同建立起互信关系，并淡化我们的角色权力的影响。

心理学家告诉我们，信任的建立始于沟通。当你与别人沟通时，他们会以两种形式来评价你与他们的沟通情况：数量与质量。数量是指你们沟通的频率。你会跟那些被你看作朋友和可信任的同事沟通得更多，而跟那些关系不够亲密的人沟通很少。沟通的质量则取决于我们谈论的东西是否有趣，或者是否对他们有利。

如果你想与下属共同建立互信关系，那么你就要跟他们多谈论一些对他们来说重要的事情。

你是否同时做到了我们所说的沟通质量和数量？如果你已经“与他们频繁沟通”了，那就代表着沟通的数量。如果你已经跟他们谈论过“对他们重要的事情”了，那就代表着沟通的质量。我希望你能了解，仅仅说“我一直在与下属沟通”远远不够，因为你只是在谈论对你自己而言重要的事情。

『**作者提示：**根据以往的记录，在我们的“管理者工具”栏目下隐含着一个很重要的假设：你是一个有道德的、值得信赖的人。我曾多次尝试写点什么，探讨一下该如何改变我的建议，以让它也适用于那些有权力的自私之人（他们喜欢到处耍小聪明、在报告里面撒小谎、把别人当作工具，从而使自己领先于人）。我不清楚该怎么去做，所以一直没有去做。如果你是那种人，你可以不用读下去了，因为你不会喜欢我的建议的。』

在我们开始对第二类关键行为——“进行绩效沟通”进行讨论之前，有必要说明一下，这四类关键行为并非同等重要。

你的下属在“四类关键行为”中的重要性占比为40%。

是的，基于我们做的所有工作和收集的所有数据来看，你与下属的关系是保证你达成业绩和提升人员保留率所需要做的最重要的事情。

作为一名在军事学院受过教育的工程师，我从管理生涯开始起就没有真正弄明白人脉和关系的重要性。坦白来说，我不愿相信我们从管理行为变化中得到的早期数据，我希望管理更多地涉及与绩效沟通相关的事务（我们不久会谈到这一点）。

但是，当我们对管理者在“进行绩效沟通”方面的表现进行测试时，如果他们没有与下属建立起“很好的关系”，测试结果就会很不理想。每次的数据结果都一样：作为管理者能做的最重要的事情是，与自己的团队成员建立信任关系。如果你这么做了，其他的事情就会变得很简单。如果你没有这么做，其他事情就会很艰难，你想要的结果就会大打折扣。

进行绩效沟通

如果你更多地从上司那里获得你该如何工作的建议，你的绩效会提升吗？当我们问这个问题时，大多数专业管理人员都给出了十分肯定的回答。

我们还问了另一个问题：“假如能以礼貌和专业的方式进行，你是否希望从你的上司或组织那里获得更多对你的绩效的评价，并将这种反馈常规化，不管它是正面的还是负面的？”

他们的答案依然十分肯定。事实上，许多人会进一步说：“他甚至都不需要说我做得有多好，只要在我犯错时能够和我专门交流一下，而不是保持沉默，那就很好了。”我们的数据显示，如果管理者长期只给出负面意见，对于员工改进不会有什么效果。下属会因负面评价而开始怨恨他们的上司，尽管这是他们自己要求的。

如果你想跟你的上司进行更多的绩效沟通，你就该知道你的下属也想跟你沟通。一般情况下，你想从上司那里获得什么，那你的下属也同样想从你这里得到什么。有太多上司会有这种不切实际的想法：“我的上司没有做我希望他去做的事情，但是我的下属们会拥护我。”不好意思，虽然这是有可能的，但它并不像我们在“管理者工具”栏目中所呈现的一样。

如果你跟大多数管理者一样，你是不会跟你的团队成员更多地进行绩效沟通的。你通常的想法是“他们知道自己的表现如何”，或者“如果我与他们之间真有问题，那我就会告诉他们”，抑或是“当他们做对了事情时，我不需要表扬他们！他们只是在做自己该做的事情！”（后面我们会谈到表扬和惩罚的问题）

你仔细想想，能够高标准完成的事情，大多都是经过无数次关于绩效的沟通才完成的。如果你曾经关注过高性能汽车的广告，那你就会注意到它们提及了（事实的确如此）“尽享一路坦途的驾驶乐趣”。在驾驶高性能汽车的过程中，了解汽车的运行状况以及行驶过程中对路况的感受是非常重要的，因为你需要据此做出判断。你在行驶过程中对路况的感觉，就是你的手搭在方向盘上时汽车给你的反馈。

想想职业运动，如足球、橄榄球和棒球。所有事物都是平等的，如果你像大多数球迷一样，那你就会喜欢观看职业比赛，而不是校园比赛（除非你的孩子参赛了）。这是因为职业比赛的水准更高，你更希望看到那些表现更出色、更专业的运动赛。有时候，最高级别的比赛才更接近完美。

这种完美呈现是对那些发挥出最高比赛水准的运动员整个运动生涯中业绩的最好反馈。美国职业棒球大联盟的游击手和二垒手，甚至棒球界著名的选手，每年仍然要参加春训，不断地练习，练习，练习！他们通过不断的重复来保持自身节奏和团队配合：他们会关注所获得的反馈，并据此采取行动。一位棒球手曾经说过，他认为他们每年春天会完成 5000 次双杀——5000 次啊！在一个常规赛季中，完成 150 次就是一项非常了不起的成就了！为什么练习中能达到这个数呢？因为他们知道，只有充分利用自己所得到的反馈，才能让他们做得更好，尤其是在紧要关头。

甚至我们每天使用的技术，都依赖于对其效能的不断沟通与反馈。我们所接触的各种机器——智能手机、平板电脑、汽车、计算机和电视等，其内部都装有数不清的反馈电路。它们不断自检，保证自身处于合理的差异范围内，以此避免重大故障。

人类的努力中，唯一得不到快速、频繁、及时反馈的是管理了，只有管理者与其下属之间没有反馈，反馈不被采纳且也不被看作是理所当然的。作为下属，我们想要得到反馈，但往往不会及时获得。

当我们与那些认为其上司是有能力的、工作高效的下属谈话时，绩效沟通经常被作为沟通的核心话题提起。他们会说："他将我的表现告诉我了。""当我做得好的时候，他会及时肯定我。""当我表现糟糕的时候，他会及时告诉我，然后我们一起改变。""我从不需要担心我该朝什么方向努力，因为他会告诉我。"

有一位管理人员告诉我说："我之前不知道，对绩效进行沟通对于获得良好的结果是极其重要的。我这么做只是因为它是我想要的东西。我一开始不喜欢它，但它却很有用，后来我就习惯了。"

如果你想要实现高绩效，那你就要跟你的下属去谈一谈。除了你与他们之前的关系外，绩效比别的事情都重要。

进行绩效沟通在"四类关键行为"中的重要性占比为 30%。

这意味着，如果你与每个下属都建立了良好的关系，并经常与他们进行绩效沟通，那你就完成了达成业绩和人员保留率这两个目标的 70% 了。

提出更高的要求

我们的数据显示，如果你想要获得良好的业绩和人员保留率，就必须在绩效表现上更进一步。根据我们所看到的，仅仅成为绩效的"守护者"不够，仅仅从下属那里获知他们的"舒适区"不够，仅仅让下属"待在当前的位置"也不够。

我可以向你保证，企业高管们肯定不会认为每个人都应该经常待在自己的"舒适区"里。他们一直处于紧张状态中，同样也希望你和你的团队能跟他们一样，高管们这么想也是合情合理的。如果你的公司或行业正在成长或发生变化（这种变化也包括公司业务的萎缩），那么员工所从事的每项工作都会随之变化。管理者的职责就是指出这种外部变化对于他的团队意味着什么，同时指导团队的业绩表现以符合组织的需要。

你也许听别人说过："我已经心力交瘁了。"也许你自己就曾经说过。其实，别人可能会认为，我们作为管理者，经常会让下属精疲力尽。对此，你可能会感到惊讶，但事实确实如此。

怎么可能呢？好吧，其实大多数人并不知道，紧张有两种类型。一是精神压力，即"心力交瘁"的那种感觉。这是一种有碍于绩效表现的紧张状态，你的身心都会受到重压，不能好好思考，感到害怕，失去创造力，思想像冻僵了一样。

试将压力看作一个连续体。使人处于"心力交瘁"的精神压力水平以下是一种对人有用的紧张状态，叫作良性压力（eustress），其前缀 eu- 就跟 euphoria（精神欢快）、euphony（悦耳之声）和 eudaimonia（幸福快乐）这些词一样。良性压力是一种可以帮你做好准备、使你变得兴奋并勇敢面对重大挑战的压力。它是当你的团队在比赛前聚成一团，喊着"为了团队！"或者"打败海军队！"的时候，你所感受到的激情和决心。良性压力能够激发期待感、渴求感。

精神压力和良性压力的分界线，无疑是有利于你的下属获得最大产出或最佳业绩的理想位置。处于这种状态中的他们应该精力充沛，内心平和。了解何为界线的唯一方式是推动每一位下属去体验精神压力，然后观察他们的工作效率从何时起开始下降。每个人都有自己的收益递减的拐点。解决问题的方式是提出更高的要求。

如果你是一位经验丰富的管理者，那也许你面临过以下问题，你的下属跟你说："我对现在的情况感到很满意。"许多新的管理者都会被表现一般的员工所困扰，这种员工不思进取，"被动地工作着"。尽管这样做很不好，但你的下属们难免会有这种表现。

作为管理者，我们不仅要对现状负责，还要为整个团队的绩效提升负责。团队绩效提升的最佳方式是提升个人的绩效。如果你的团队目标是获得提升（我可以肯定地说，哪怕现在不是，也会有人想着这事），那你就需要让自己付出更多，以达到更高的目标。

也许目前你的下属会说他对现状很满意。但在一年内，他的工作会发生很多变化——工作要求也会提高，他的绩效也许会随之下降。

高效管理者总会以这样或那样的方式来提出更高的要求。成为高效管理者，意味着你要不断地鼓舞和激励你所有的下属取得更好的表现，甚至当他们自己说不想的时候，也要要求他们做到。因为你知道，组织需要更好的表现来保持竞争力。

提出更高的要求在“四类关键行为”中的重要性占比约为 15%。

向下推进工作

在“管理者工具”栏目中，我们经常会被问道：“为什么你们的‘三位一体管理’中有四个部分？”

“向下推进工作”是“三位一体管理”的第四部分。该系统的前三部分为组织创造价值，而“向下推进工作”可以为组织提升能力。需要向下推进工作的是管理者，而受益者则是组织。换句话说，仅使用“三位一体管理”系统的前三个部分，你可以带领团队创造业绩，但是“向下推进工作”能为你的整个组织创造成长潜力。

“向下推进工作”意味着什么呢？你可以假设有一项工作，你和你的下属都能做，你经常做，但你的下属，或者至少其中一人也能去做。虽然你的下属做得可能没你好，但是完成的质量也能够接受。

当我在讲《管理经济学入门》这门课时，基于以上情形，我会做个小测试："如果以上情况是真实的，你和你的下属谁该去完成这项任务？为什么？"

如果你不能立即给出答案，也没关系。在《管理经济学入门》这门课中，有个很好的答案。"应该让下属去做，而不是管理者，因为下属是相对低成本的劳动力。如果我们能以较低的成本获得可以接受的质量，那么除了最重要的事情之外，其他的事我们都可以让下属去做。"

为什么会这样？因为下属是相对廉价的劳动力。这并不是一个简单粗暴的论断。你不妨这样想一下：如果你想雇用两位承包商，或者任意行业的工人，你知道他们完成工作的质量大致相同，你会选择雇用更便宜点的吗？你当然会这么做。

如今，许多员工会说："好吧，是的，从技术上来说，我相对廉价，但那并不是全部。我也有自己的工作，我没时间去做我上司往下推给我的任务，我已经忙晕了。"说得没错，但这并不是阻止工作往下推进的理由。为什么？因为问题并不在于你忙还是不忙。所有的员工都忙，不是吗？如果以"忙"作为借口，那就没有任何工作可以指派他人，而且我们还会陷入一种不可思议的生产力停滞状态（由于生产力和盈利能力的关系，以及变化的不可避免性，这种状态就相当于组织陷入了死亡漩涡）。

于是这个问题就变成以下这样：在一个每个人都有太多要做的事情的世界里，什么样的工作对于组织而言是最有价值的？这才是我们需要去做的事情，不是吗？而且，从一般意义上来说，组织更重要的工作都是在更高的层面上来完成的（如果你是软件开发者，或者曾经是软件开发人员，可能这会使你感到不悦，但是数据并不支持你的辩解，你所做的并不是公司里最重要的事情）。

对于管理者而言，这就意味着我们要学会与下属分享我们的工作（我们能分享的大多数工作可能都分享了）。

我们需要学会向下推进工作，可能还有更重要的原因（不可否认，是组织原因），我们将在下一章进行讨论。

向下推进工作在“四类关键行为”中的重要性占比约为 15%。

这就是“三位一体管理”，为了达成业绩，留住团队人才，一位管理者可以实施的四类最关键的行为有：

1. 了解你的下属；
2. 进行绩效沟通；
3. 提出更高要求；
4. 向下推进工作。

03

任何高效的管理工具都应是可教授、可持续的

任何管理技巧、行为和哲学都应是可教授和可持续的

也许你已经注意到了，我还没有谈到“管理者工具”的核心：一对一（One On Ones，O3s）沟通、反馈、教练和授权。那是因为想成为一位伟大的管理者，你并不一定要使用我们的工具。

想要取得良好的业绩和留住团队成员，你并不需要使用我们的一对一沟通、反馈、教练和授权工具。本书所描绘的这些工具，连同我们的播客和与全球客户一起进行的工作，都不是践行“四类关键行为”的唯一方式。

换句话说，你可以用自己的方式去践行这些关键行为，并利用你自己通过职场学习获得的技巧来达成。你“不一定要”使用我们的一对一工具来了解你的下属，你也“不一定要”使用我们的反馈工具来进行绩效沟通。

如果你有自己的方法践行四类关键行为，并能朝着良好的业绩和人员保留率方向前进，那你就去做吧。然而，遗憾的是，仅仅使用四类关键行为来履行这两项基本职责是不够的。

无论怎样实施管理，你的管理技巧、行为和哲学都必须同时对别人产生可教授性和可持续性。

这意味着你必须能教别人如何将你想要他们做的事执行到位，同时你也必须广泛持续地应用类似的可潜移默化的行为与技能，无论角色、组织或经济条件有何不同，无论你身在何处，都应该如此。

想象以下场景，其基本模式在组织中十分常见。假设你是一家设备制造企业的工艺工程部经理，你有四位从事工艺工程工作的下属。你的团队负责全公司生产和制造流程的分析工作，为公司生产出高质量的最终产品制定更好、更快和成本更低的生产方式。

你的一位下属很优秀，他可以解决大多数难题，工作表现也通常比其他人更好。遗憾的是，他把自己看作“一个非常独立的人”，尤其在工作上面。当你让他想出问题解决方案时，他经常会待在自己的办公室，关起门来独立工作一两天。他不要求什么投入，不想与人协作，也不会与人分享他的工作草案，他只会最终提出一个解决方案。

如果你想问他是如何想到方案的，他会说：“我也不知道怎么描述，我只是想了一会儿，然后方案自然就出来了。”当你让他在员工大会上分享一下他的想法时，他会耸耸肩，然后说：“这只是我做事的方法而已，对别人来说没什么意义。”当你让他培训团队新人时，他会告诉新员工：“我无法告诉你关于工作的任何东西，这些只是我个人的工作方法而已。”

我认为这种情况你忍受不了多久。对于个人来说，仅仅完成工作是不够的。团队成员要能对工作进行讨论、沟通、解释，必要时还要进行辩护。如果哪里出了问题，你还需要该团队成员一步步来排查流程，分析根本原因。

其实我们通常并不会考虑人们完成工作的方式，但是从某种程度上来说，这点确实很重要。比如，我们希望财务工作者能够解释报表中数据的功能，以及为什么这么填写；我们希望工程师能够告诉我们，为什么他们会选择某种特殊的设计或材料；我们希望开发人员评析他们的代码，从而使别人可以调试纠错；我们也希望市场销售人员解释，他们为何要选择某项数据收集活动。

不知为什么，我们总是无法让管理者达到这个标准；也不知为什么，随着人员、系统、动机、支付、收益、报酬和文化等工作的完成，“管理”就成了某种无法解释的“黑色艺术”，更不要指望管理者们能解释他们是如何管理的。当我让管理者解释时，许多人会耸耸肩说道：“我不知道。”有的管理者说完会咧嘴笑笑，有的管理者则会接着说：“这的确不像别人教我的那样，公司也没有真正帮过我们，你知道的。”

有时候，我在与客户一起工作时，会听到他们说：“没人教过我，我只是从之前的上司那里学会了怎么做而已。”当我说：“噢，你有可以作为你的榜样的好上司，很不错啊。”他们通常会这么回答：“我并不是说……”

每个组织里最重要的系统性行为就是，我们大多数人都会从别人那里学习做事的方法，但这些人却从未教过我们，而且他们也担心别人会发现他们其实并不了解自己所做的事情，这说明了什么呢？

任何人都可以成为管理者

在“管理者工具”栏目中，“你实施管理的方法是什么”这个问题得到的大部分答案是“这只是我的为人”或“这是我的个性”。

请想一想，关于“个性”的答案在这种情况下意味着什么呢？假如你是一位相对保守的、恪尽职守的技术人员，实际上，你甚至可能是团队中最好的质检人员（QA）。你工作起来有条不紊，逻辑缜密，小心谨慎，而且你也深以自己出色的工作质量而自豪。你不善于与人进行工作交流，但是你有一群可以一起在家消遣的亲密朋友，对他们来说，你是一位好朋友和好听众。

你的上司却与你完全相反。他是一个善于“推销自己”的人。他开朗、愉快、喜欢聊天。他了解每个人，即使在人群中他也会感觉轻松舒适。他知道每个人最爱的是哪种口味的星巴克咖啡。同时，他也是一位好的管理者。他时不时也会有些邋遢。他有时候做事会有始无终，但他始终与团队一起并肩作战。他清楚每个人的优点和劣势。他思维敏捷，时时保持积极主动，同时也是一位非常好的激励者。

不久之前，你的上司告诉你，你的工作做得很棒。他对你的专业性印象很深，还说很喜欢你的团队精神。他提到连他的上司都认为你是一个可塑的管理之材。

你告诉他，你一直在考虑在职业生涯中更进一步，但是你有很多疑问。你问他：“是什么让你成了一位好的管理者？”他回答说：“我很高兴你这么问！从根本上来说，我确信这是我的个性使然。我比较外向，喜欢与人打交道，一直比较注重大局的发展。我猜，这是某种天分吧。”

上司的这番回答会让你相信，你永远也成不了管理者了，因为你和你的上司处于个性的两个极端。你没有他所谓的“天分”，你也不是“外向的”。你不会被认为是积极合群的，除了跟朋友在一起的时候。你的上司给你造成了一种印象：好像管理只跟性格特点有关，而无关行为、技术或能力。你认为自己需要改变，让别人想到你时会这么说：“他是一个善于与人打交道的人。”

我可以向你保证，如果你们公司的 CEO 或人事主管知道了你们的谈话，他会对你的上司感到气愤。他也许会说：“我们需要让每位有效率的员工都想着提升自己的技能，进而影响更多的同事。我们不能只因为他们‘与你不同’而创造出许多非管理者。可能不是每个人都想成为管理者，但是如果有人想或者愿意考虑的话，我们就不应该阻止他们。许多伟大的管理者都有些保守甚至是害羞。管理与业绩和人员保留率有关，而与微笑和了解别人无关。当然，它是一项与人有关的工作，但它也是一项任何人凭着正确的技能和行为都能够去做的工作！不要因为你的下属不像你，就妨碍他们成为管理者的可能性！我们公司的首席信息官与首席营销官完全不同，两个人在个性上也十分迥异。但是，他们都能将工作做得很好啊！他们中的一个人很内向，另一个人很外向，但他们的下属都喜欢与他们一起工作。我们不能根据你所谓的'个性'来判断你是否能成为好的管理者，它是靠不住的。"

用"三位一体管理"法培养高效管理者

高效管理者的管理方式对其他人是可见的，也是可教授的。高效管理者应该在任何情况、任何地点都可以重复自己的核心行为。

对任何组织而言，这些理由都是最根本的。如果我们无法教别人如何管理，那组织就很难成长。我们不能把"个性"教给别人，也不能跟别人说"我不知道"。

当你的组织业务或服务增长时，在某种程度上就需要管理者。如果想升职到新设的管理职位上的人还没有从上司那里学到该如何管理的话，那他们就不能胜任，导致当组织需要另外的效能去维持其快速增长的时候，这种效能却无处可寻。

要让组织得以持续发展，就必须培养新的管理者。培养新管理者的方法就是，在他们承担起新的管理角色之前先教会他们。要不然，他们就会学得很艰难，尤其是在他们已担任管理角色的时候。这就意味着，他们要从自身的错误中学习，组织发展并不需要能力不足的新管理者，而是需要与现有管理者一样出色的管理者，甚至是更出色的管理人员。新的管理者必须更出色，因为组织的发展会越来越难，在一个更艰难的环境中，同样的行为能够产生的业绩会更低，而需求却会更多。

对可教授、可持续的技能的需求，促使我着手创建了"管理者工具"栏目。好多年前我就听说，管理者们一般对自己的业绩并不满意，他们想要变得更好，但是不知道该怎么做。

管理者们想要读书，但大多数人目标不明确。书中会有好的思想，但是管理者们在读完之后，却不知道该怎么做。我记得我在退伍前读《追求卓越》（*In Search of Excellence*）这本书时，书中的见解让我很兴奋，但同时我也对这本书没有告诉我该做什么以及该怎么去做而感到很失望。当然，那本书并不是专门针对一线管理者的，我发现其实没有专门写给一线管理者的书。所以，我看的书，别人也在看。大多数管理学书籍都是如此。作为管理者，你也许也感同身受。

我看到太多的管理者甚至不能维持短暂的成功，一旦商业环境改变了，他们就无法适应。在那些被认为是优秀管理者的人当中，很多人都解释不了自己做了什么或者是怎样做的。

我熟知四类关键行为（不是个性、不是教养、不是特征、不是属性），所以我就开始提炼那些我认为能帮助管理者做到这四类关键行为的方法和工具，开发了许多模式，并对其进行了实验。同时，我还关注了来自我们的客户管理人员的反馈结果。通过七年的课程，我为四类关键行为开发了四种工具，我们称之为“三位一体管理”，我们在教学中已使用了 20 年。

这里有个例子，它展示了在与客户管理人员的合作中，“管理者工具一对一（MTO3s）”是如何形成的。之前，一家大型制造企业的总经理请我帮忙，因为他的业务团队开始感到力不从心了。他说这家“财富 500 强”企业的部门曾经发展迅速，他不得不努力工作以实现组织愿景，并试图了解事情的进展。他对企业运营中的种种失误和延迟感到震惊。在经过三四个季度连续突破预期业绩后，他这个季度的业绩才勉强达标。他感觉他手下的管理者们（总共有 426 位不同级别的管理者）无论是在技术还是在物流系统等事务中已不堪重负，而组织却不得不让这些系统满负荷运转以满足组织规模不断增大的需要。

我曾与三四十位管理者进行面谈，想了解问题出在哪儿，我了解到的总是与沟通相关的坏消息。直到不得不应对变化时，级别低的工人才知道发生了变化。管理者也未曾获知那些导致产品变化的潜在市场变化，这种产品的变化会带来该领域内运营方式的变化。他们对于当前削减成本的消息知之甚少。

我与客户都读过安迪·格鲁夫（Andy Grove）的《高产出的管理》（*High Output Management*）这本书，我们认为"一对一"可能是创造更多沟通机会的伟大的工具。我们调整了安迪的主张，让不同层级的管理者们每周进行30分钟的"一对一"会议。我们认为管理者应该设法了解自己的下属，为他们定期安排会谈，以解决他们的问题和担忧，这样管理者们就可以分享信息，并给予指导反馈。

为了简单起见，我们决定把30分钟拆成两个15分钟来用。我们经常安排管理者首先发言，一般会议上管理者都会第一个发言，不是吗？

这真是一个灾难。不到三个月，我们就停止了这项工作。我们一直在追踪结果和其他要素，在很短的时间内（大约90天），我们就看到了一些我们不想看到的倒退现象。某种程度上，管理者们很喜欢开会，但是下属们却非常厌恶开会。

当我们问员工为何不喜欢会议时，得到的答案差不多可归为以下几类："这不过是跟上司的另一次会议而已。""这并不是一次为了'我们'而开的会议。""这只不过是为了给我分派更多的工作而已。"

我们还了解了一些别的使我们惊讶的事情。你是否还记得管理者拒绝花时间和下属进行"一对一"交流的两个主要理由之一是"我一直在与下属沟通"？好吧，很明显事实并非如此。管理者在这种非必要的会议中与其所谓的"一直在进行沟通"的下属们谈话的平均时长是28分钟，不到30分钟。他们说不需要更多的时间与下属沟通，然后却继续一直说个不停。

为什么下属们会讨厌会议？因为他们被告知，这是联合会议，也是与上司形成紧密的信任关系的好时机，但他们并没有如愿。实际上，当管理者看着时间说"噢，我已经说了28分钟了，你们还有别的什么事情"的时候，你认为大多数下属会说什么呢？当然，他们会说："没了！"这就意味着本次会谈完全不是为了"我"或者"我们"而进行的。

然而，我们发现，还有一些其他数据隐藏在我们调查的结果之中。有一位资深的企业高管，管理着24位管理者下属，取得了良好的业绩。在那些更大的团队都面临业绩衰退的领域，这位管理者和他的下属却提升了绩效，他们也很喜欢自己的"一对一"方式。

当我们采访这位高管及其下属时，我们发现他们对组织的工作方式稍微进行了改动。他说："我有点儿懒，也不想多开会，所以我会让下属先说话。"他的所有下属也是这么做的。

下属很喜欢这种方式。仅仅三个月的时间，他们就对上司与他们之间的关系给出了好评，而在别的团队里，当上司先开口时，上下级关系之间却出现了倒退。管理者们也喜欢这样，因为这样，他们仍然能够覆盖自己想管的事情，每周都是如此。

也许这一点会使你惊讶：首先让参会的下属们在30分钟的会议上先谈上28分钟，就像在其他的团队会议上，领导者会先谈上28分钟一样。

没有任何一个团体会说"我们已经谈得够多了"。如果你给他们机会，在本已忙碌不堪的日程里抽出时间让他们说话，他们可以一直说下去。

所以，当我们谈及"一对一"时，你应该让下属先说话。

之后，我们扩展了"一对一"的范畴，在一家规模更大的企业里施行。该组织是一家大型分公司，有1100名管理人员。我们对几乎所有的组织原则都进行了测试。

在我们的实验中，我们让700位实验组管理人员施行"一对一"（有些人每周一次，有些人两周一次，有些人每月一次）。另外400位控制组人员的管理方式不变，并禁止他们实施"一对一"方法。

该项实验原计划施行 30 个月。遗憾的是，在进行了 19 个月后，我们就不得不停止。原因在于，在实验进行到 18 个月的时候，实验计划外的一份企业文件被公开了，文件显示了在过去 12 个月被提升的管理者角色及其组别。文件显示，在被提升的 43 位管理者中，有 42 位来自实验组，只有 1 位来自控制组。

你也许会认为，这是我们的实验有效性的证明，是继续实验乃至扩大实验的很好的理由。但是，一个月后我们不得不停止了实验，为什么呢？因为控制组的管理人员也想得到提升，他们也开始施行"一对一"的方法，这就打破了我们实验的科学性了。

不过，18 个月的追踪数据的时间也够长了。实验组管理者的业绩和人员保留率分别提高了 9% 和 8%，而控制组的相应指标却只提升了 1%。

其实，实验可以得出更好的结果。实验组有不同的统计周期（每一周、每两周、每月）。我们把数据进行了分解。

下面是根据周期统计得出的业绩和人员保留率的提升排序：

1. 每周一次——业绩和保留率都获得了最大的提升；
2. 两周一次——所获得的指标提升不到每周一次的一半；
3. 未实行 O3s——业绩和保留率稍有提升；
4. 每月一次——业绩和保留率稍有下降。

如果将每月业绩和保留率纳入实验组的平均成绩中（实际上我们确实这么做了，因为我们当时认为它们也会增长），那么每月实行的"一对一"会使得实验组的成绩提升打折扣。

如果我们没有实验过每月实行"一对一"（我们不推荐实行），那么实验组的业绩和保留率的提升可能会更高。

在下一章，我会解释为什么“一对一”会出现这种情况。

多年来，我们对“一对一”方法中所用到的各种工具进行实验后，针对四类关键行为，我们开发出了四种特殊的管理工具（见表 3-1）。

表 3-1　　针对四类关键行为的四种特殊的管理工具

关键行为	管理工具
了解你的下属	一对一
进行绩效沟通	反馈
提出更高要求	教练
向下推进工作	授权

如我之前所说，掌握这些工具并不是成为高效管理者的唯一方式。你也许有自己的工具和方法。但如果你想取得业绩，留住团队成员，那你的方法要兼具可教授性和可持续性。果真如此的话，我敢肯定你现在已经知道自己是一位罕见的管理者了。但是：

◎ 如果你不能真正了解自己在做什么；

◎ 如果你没有属于自己的技巧；

◎ 如果你的技巧是你的个性；

◎ 如果你的技巧无法教授给别人；

◎ 如果你无法写下自己的方法；

◎ 如果你不确信是否你可以在不同的公司或行业内复制自己的技巧和方法。

那么“管理者工具”栏目会向你保证：

使用我们描述的“管理者工具”，你必将成为一位高效的管理者—— 一位能获得良好业绩同时保留住团队成员的管理者。

第二部分

如何沟通，才能管理好下属

沟通问题书
The Effective Manager

04

了解下属，从一对一沟通开始

在“管理者工具”栏目中，我们建议你与下属进行一对一的沟通。那么，什么是“管理者工具一对一”呢？它是一种：

◎ 定期开展的会议；

◎ 每周进行的会议；

◎ 持续 30 分钟的会议；

◎ 与每位下属逐一进行的会议；

◎ 下属的问题才是首要问题的会议；

◎ 管理者做记录的会议。

让我们逐条来看，并讨论一下我们为何会推荐它。

定期与下属沟通，使之常态化

定期开展一对一沟通，意味着为你的每位下属设定一个约谈时间，使每个人在每周固定的时间里可以逐一与你进行“一对一”沟通。

定期开展一对一沟通实际上比每周进行更重要，所以它被列在第一条。定期开展一对一沟通，比几乎每周临时安排的一对一沟通更重要。实行一对一沟通的价值在于，你可以据此告诉你的下属："你一直会有机会跟我交流，我也总会在这种关系上投入时间和精力。"如果你没有定期开展你们之间的一对一沟通，那就等于在跟下属说："在某一周的特定时间里，这件事也许很重要。你可能很重要，跟我交流的时间也可能对我有价值，但是我不能确定。让我们见机行事吧，看看事情发展的情况再说。"

我们原以为进行一对一沟通的频率会比定期开展更重要，但是我们错了。

这里有一些我们从研究中得出的结论。我们得到了三个相似的结果。如果我们把两组各 100 位实行过一对一沟通的管理者放在一起比较，那些定期开展的管理者比不定期开展的管理者的表现（在业绩和人员保留率上）明显要好得多（三至四倍）。另外，如果你不定期开展的话，实行一对一沟通是非常困难的。

我们想弄清楚定期开展一对一沟通是否真的那么重要。以此为目的，我们把定期开展的和不定期开展的两支团队进行了对比，如表 4–1 所示。

表 4–1　定期开展的和未定期开展一对一沟通的团队对比

项目	定期开展	未定期开展
被调查的管理者	119	520
被测试的管理者	≈ 100	≈ 100
提升情况	≈ 8%	≈ 2%

我们了解的第一件事就是，如果你不定期开展一对一沟通，实际实行起来会更难。我们只需评估 119 位定期开展的管理者，就能发现有 100 位确实这么做了；但我们却要调查 500 位以上声称进行了一对一沟通的管理者，才能发现 100 位实际执行并见到实效的。我们的数据显示，如果你一对一沟通执行率达到了 85%，你就能达到自己想要的业绩和人员保留率；而在 85% 以下，效果就会下降。

对当今异常繁忙的管理者们来说，这一点也不夸张。如果事情没被安排到你的日程表中，那它可能就不会发生。如果你没有定期开展一对一沟通，那它们也就不会实行。我们听过很多下属告诉我们的趣闻，比如“但愿他之前没说过要做，也从来没有去做，甚至连试都没试过”。

这个调查结果让我们很震惊。如果你确实做了一对一沟通，但是没有定期开展，那么你的收获就远不及你提前计划并把它安排进日程中所收到的效果好。

为什么定期开展如此重要？那些由他们的上司发起一对一沟通的人士告诉我们两个关键点：（1）这表明我的上司认为我很重要；（2）我有足够的时间去准备。

我的上司认为我很重要

你的下属尽力争取和你交流，就像你尽力争取和你的上司交流一样。你对自己没有安排时间给下属的理由是你一直在开会，事实也的确如此。他们也认为你的日程安排很重要，但是对他们来说，你的日程表也是一种障碍，使得他们的想法得不到倾听，疑问得不到解答，问题得不到解决。

当你告诉下属，他们每周都将会有固定的时间与你沟通，不论如何，你还把他们的事情放到与你的日程表中其他事情同等重要的位置上了，那也就是说，你把他们也看得很“重要”了。

你也许会想：“我确实把他们看得很重要啊！”我知道你的确如此，不过，你认为他们有多重要和他们认为的是有区别的。在某种情况下，对大多数下属来说，一位没有把时间安排给下属却口口声声说下属很重要的上司，就有点儿像那些说“我们的员工就是我们最重要的资产”的大企业一样。在许多大企业里，类似的言语常常会变成最具讽刺意味的笑话。

我有足够的时间去准备

也许你总是告诉自己，你的下属每天都有时间跟你交流，你在他们的办公桌边停下来聊聊就可以了。但是，根据我们在全世界范围内对下属们的访谈，他们的看法并不是这样的。当你在他们的桌边停下来时，你想的是闲聊，说些即兴想到的事情。你的下属对此心知肚明，他们也不会认为，你随意停下来就意味着这是一次能带来新思想、新议题或关注点的公开讨论。

当你站在下属们的办公桌边时，你所提的正式事项或需要做出规划的事项会使下属们感到不舒服。有些议题中，需要综合思考所有相关问题，以及用特定的方式提出疑问。大多数下属不会这么想："我的上司今天会在我的桌边停下来，我要把我一直在思考的事情告诉他。"

下属们告诉我们，如果上司固定交流的时间，能使他们为会谈做好充分的准备。

许多管理者会抵制我们对于定期开展一对一沟通的指导。第一条推辞理由就是："定期开展很好，但是我没法一定按日程表行事——我的日程表也是一直在变化的。"但是，我们的研究显示，由于时间冲突而把事先安排好的一对一沟通挪到其他时间，对于管理者的业绩和人员保留率的提升并没有什么实质性的影响。那些事先安排而后又频繁改变一对一沟通时间的管理者，与那些日程更加固定、极少改变一对一沟通时间的管理者，所取得的业绩和人员保留率的提升是差不多的。

可能更为重要的是，下属告诉我们，他们并不介意你是否变动会谈时间。他们理解日程表的意义——他们也会经常更改日程。但如果你使用"我的行程是不固定的"这个借口来规避定期开展一对一沟通时间的话，那对他们而言，与"我不想与你进行沟通"的意思是一样的（不管这是不是你的真实意思）。

你也可能会想："我太忙了。"这是对于在你本已十分繁忙的情况下，还想要安排沟通的一种合理的回答，但你的日程安排得这么满的部分原因，是由于你没有花足够的时间跟你的下属进行沟通。你太过依赖电子邮件了，你一直在做不合理的沟通。

我知道你很忙，几乎不可能在你本周或下周的日程表中挤出五个小时（假设你有 10 个下属）。如果你说“这不可能”，那或许是可以理解的。

那好吧，让我们来做个实验。看看你的日程表，但不是单看本周、下周或下下周的日程表。看看你的日程表中从现在算起的 3~4 周时间，它几乎是空的，对吧？你的日程表“总是满的”，是因为你一般只看当前这一周（参见“场景预设”栏目，其中就有许多类似的例子）。这就是日程表的作用：提前把 1~2 周的时间填满。你“总是忙碌”，是因为你的日程表总是满的（也许本周行程也是这样）。

这意味着你可能没能有效地控制你的日程表，随时而来的会议会占据你的日程表的优先顺序。我们的数据显示，与下属待在一起的时间将是你在工作时最重要的时间。

你现在没有时间可以理解，但解决方式很简单。当你可以轻松地把一对一沟通的时间安排在几乎是空着的日程表中时，那就不要拖 3~4 周才开始去做。在第 5 章中，当我们谈到全面开展一对一沟通时，我们将讨论该怎样以及在何时安排一对一沟通。

最后，如果你跟使用“管理者工具一对一（MTO3）”的管理者交谈，他们会告诉你，他们绝不会像以前那样对这些工具置若罔闻了，因为它们太有价值了。

那么，我们可以对 MTO3 做出如下保证：

如果你使用 MTO3，相比你在日程表中所花的时间，你会从中收获更多的时间。

是的，你没有看错。你花在 MTO3 上的时间（虽然你认为自己现在没有时间）实际上会使你有更多的时间去完成更多的工作。因为你可以增进与下属之间的信任感。他们对你的期待会了解得更多，因为他们会更经常地听到你的期待，所以不会像以前那样有很多问题要问。你也不会被一些不紧急的问题打断工作节奏。对那些能稍后解决的事你的下属会先等待。你是否注意到，许多打断你工作的事情，其实并不值得你为它们花费时间？在使用 MTO3 后，这种情况会明显减少。

我们保证是这样的。

最好以周为单位来实行一对一沟通。最简单的理由就是，你也许每周都会考虑如何安排自己的工作（研究显示，这个时间大约为 3~5 天）。你会考虑这周截止的工作。你常常会趋向于把下周才截止的事情往后推迟，哪怕它们只需要几个小时就能完成。你也许知道你这周的时间安排，甚至有可能知道自己下周的行程，但是大多数情况下，对于下下周，你就知之甚少了。

在大多数情况下，你的下属也是这样。当考虑工作时，他们只考虑当周的事情，而下周发生的事情就没那么重要了。两周之后的事情，就好像是“将来”一样。

两周进行一次一对一沟通

如果你计划每两周进行一次一对一沟通，对你的下属意味着什么呢？对他们而言，相对于你手头的工作，他们的重要性是否更低呢？我们之所以这样问，是因为我们得到的回答的确如此。通常得到的回复是：“我每隔一周见我的上司一次，而事情每周都要做完，好像他一直把我放在次要地位一样。”

我不想因为自己反对每两周进行一次一对一沟通就在这里公开批评这种做法。如果你得到的效果和我们的数据一样，你就会在业绩和人员保留率上面得到提升：这大约相当于你每周进行一次一对一沟通时所获得的效果的 25%。那你为何宁愿节省 50% 的时间而两周安排一次一对一沟通，却失掉 75% 的价值呢？那完全没有意义。

你也可以每隔一周进行一次一小时的一对一沟通，使总时间量达到同等水平。但是总的来说，那也几乎没什么用。我们的数据显示，这样做的管理者的最终执行率甚至还低于那些决定每周进行一小时一对一沟通的管理者，尽管后者的执行率也不太好。我们据此得出结论，那些因为“太忙”而觉得自己没时间每周进行一对一沟通的管理者，也将会使用同样的理由取消大约 50% 的每两周进行一次的一对一沟通。

下属一再告诉我们，他们更愿意每周进行一次一对一沟通，因为这符合他们的工作节奏。他们说，每两周进行一次一对一沟通所谈的事情都太笼统，与工作的相关性也非常低。

每周进行一次一对一沟通还有个每两周进行一次一对一沟通所没有的好处：它能大幅减少工作被打断的节奏。如果你现在没有做一对一沟通，那你就会像很多管理者一样，可能被下属频繁打断。他们会“有个很急的问题”或“只需要一分钟”，但那个“一分钟”通常都会变成十分钟。

当你开始定期与下属进行会谈时，被打断的频率将会大幅减少。这是我们保证你能从日程表中省出多少时间的部分原因。我们在每次测试中所调查的下属都会说他们是如何焦急地等待着一对一沟通的机会的，这样就可以趁机提出自己的想法和疑问了。如果他周二发现了问题，但他们的一对一沟通安排在周四早晨的话，他们就可能等到那个时候再提。许多时候打断上司的工作在下属看来都有很急切的原因，是因为他们已尽可能等了很久了。

如果你每两周进行一次一对一沟通，打断你工作的次数就不会明显减少。为了解决问题，下属们通常都等不了一周。就我个人经验来说，在我进行过的一对一沟通的经历中，至少有一半（也许多达四分之三）的打断就是这么开始的，下属们说“我本周的事情有……”那就是在告诉我，他们有一个工作列表。如果我没有安排好一对一沟通，他们工作列表中的每一项都会成为打断我工作的理由，或者是待阅的电子邮件。

每两周一次一对一沟通还有个问题，就是如果你错过了与某个人的一对一沟通，那就意味着你在做的其实是每月一次的一对一沟通。这很不好。

迈克尔·奥森尼是“管理者工具”的共同创始人之一，在他刚做管理工作的时候就尝试过每两周一次的一对一沟通。当美国微波通信公司（MCI）被世通公司（WorldCom）收购的时候，迈克尔就在其中工作，随后他也和世通公司一起经历了破产。那时，他有 10 位下属，每周会进行 30 分钟的一对一沟通。他每周在一对一沟通上会花 5 个小时。之后，他的时间就被公司的破产准备以及后续事务所占满。

他需要时间去安排事务，所以他开始每两周进行一次一对一沟通，这样他每隔一周就能省出五个小时。他感觉事情进行得很顺利，也可以建立与下属之间的信任关系，因此他的下属可以忍受每隔一周进行一次一对一沟通。但几周后，情况却变得一团糟。他不仅没能在日程表中省出五个小时，还因为缺乏与下属的常规沟通，不得不花费更多的时间去处理更多的事项。当他每周进行一对一沟通时，下属们不会总是打断他的工作，也不会总是试图吸引他的关注。现在，他从日程表中省下的所有时间、积累的所有效率，以及正建立起来的所有能使工作变得顺利的深层关系，都统统消失殆尽。而这仅仅是因为每周的一对一沟通变成了每隔一周的一对一沟通。

因此，我们在此告诫：如果你有 10 位以上的下属，每两周进行一次一对一沟通也没事。比如说，每周抽出八个小时（16 位下属的 16 个 30 分钟）可能太难，但你可以在 8~12 周的时间里，每周安排四个小时，然后再试着每周进行一次一对一沟通。压缩日程表的习惯能使你为未来的管理生活做好准备，如果你有意于此的话。

此外，如果你了解了这些，而你的团队成员又在 10~16 人的话，那我们的解决方法在效率上可能会降低。虽然在我们的一些研究中，有些管理者有多达 30 位的下属，不过我们从未对 15 人以上的团队做单独研究。说来有趣，对于拥有 30 位下属的管理者，当他们进行一对一沟通时，即使每两周或每三周进行一次，都能取得更好的业绩和人员保留率。这些结果并不像拥有常规下属人数的管理者的结果那么重要。

我想说的是，大的团队更多地会遇到组织结构问题，而不是管理行为问题。当然，我也知道那不是你的错。如果你想要在团队规模方面寻求帮助的话（不好意思，不存在理想型的），那我们推荐你去看看“场景预设”这个栏目。

每月进行一次一对一沟通

我劝你不要每月进行一次一对一沟通。我们从未见过每月一次一对一沟通还能提升业绩的情况。在所有这样做的例子中，业绩和人员保留率都没有变化或者有所下降。

假设有人告诉你他想与你建立联系，并跟你说：“我们应该可以在 30 分钟内完成，每月一次就行。”这在你这里根本就过不了关。设定一个会见的目标（建立联系），但是会见的频率（每月一次）足以消解目标的存在，这根本行不通。

下属们也讨厌这样。他们知道，这样做的话，他们无法跟你建立任何联系或者任何有意义的相互信任的关系。每月才沟通一次，你将无法给予他们及时的反馈。他们说，管理者最终都会在月度的一对一沟通之前询问月度报告，这使得一对一沟通变成了一次小型的业绩回顾，或者规划会议，而不是一种双向沟通。

全世界范围内的数百位 CEO 都在使用 MTO3，他们每周进行一次沟通。当然了，他们也错过了一些。但是他们不会因为自己“太忙”就让一对一沟通变成每月进行一次，所以你也不应该这么做。

我们的数据显示，30 分钟的安排对于进行一对一沟通来说是一个魔法数字。超过 30 分钟则没有益处，延长时间一般会使执行率降低。安排超过 30 分钟的一对一沟通的管理者其出发点都是好的，但是他们会频繁取消计划——取消太多，对下属们会有影响的。

要使得一对一沟通产生价值，你不需要超过 30 分钟——如果每周都能沟通的话。似乎对你来说需要更多的时间，但我们的数据显示，那并不会产生你所期望的价值。

我们测试过两次 45 分钟以上的、甚至一小时的一对一沟通，结果是，相比 30 分钟的一对一沟通，它们并不能提升业绩和人员保留率。另一方面，执行率也下降了，会议取消或者实质性缩短的可能性却大大增加了。

我们也测试过 30 分钟以下的一对一沟通，执行率也一样有所下降。对于沟通时间过少，存在大量的有意思的说法。管理者和下属都认为，当一次 20 分钟的一对一沟通开始得较晚时，它的价值就相当有限。我们知道，许多会议都会晚些开始，参见“场景预设”。

关于“执行率”（以百分制形式呈现，指实际执行的和提前计划的一对一沟通数量的比值），我们的数据显示，85% 的执行率恰好是取得想要的成绩和所得减少的分界点。在一个月的时间内，一对一沟通执行率至少达到 85% 的管理者，能够取得比执行率达到 100% 的管理者更高的业绩和人员保留率。如果执行率低于 85%，业绩和人员保留率就很可能无法提升。当执行率在 50% 以下时，从收益（更像是成本）和所花时间的角度来看，最好停止进行一对一沟通。

通过研究会议行为，我们也了解到，比起持续一小时但真正内容只有 40~45 分钟的泛泛而谈的会议，进行一次持续 30 分钟而议题丰富的会议则要更好些。如果会议拖沓，你的下属会渐渐感到准备不足，继而对会谈失去兴趣。时间短、内容紧凑的 30 分钟会议能使你和下属充分利用好会议时间而不至于浪费。谁会希望再来一次开始得晚而结束得又晚的一小时会议，然后陷入无休止的会议延迟循环之中呢？

有一种例外情况是我所支持并推荐的，因为我见证过它的效用。那就是如果你是一位高管，那就可以把一对一沟通的时间安排为一小时。我的一位担任 CEO 的客户（是的，CEO 们也有管理下属的职责和实行一对一沟通的必要）曾经告诉我："我需要一个小时的时间来进行一对一沟通，但谈话内容仍然很丰富。我无法在 30 分钟内结束每周一次的同下属讨论所有事项的会谈。"因为他们为公司管理着一亿、两亿甚至三亿美元的业务。所以，CEO 们的一对一沟通可以设置为一小时，我认为那是合理的。

与每位下属一一沟通到位

如果你想进行一对一沟通，那很显然你需要与你所有的下属都进行沟通。但我们的客户常常这么说："嗯，我只与两个主要的下属进行过一对一沟通。""我每周与一个人进行沟通，两周内会与其他人沟通。"

这种做法影响恶劣，它在你的下属中间营造了一种极其不好的团队氛围。基本上，这就等于在告诉你的某些下属："你不如他重要。"虽然可能存在某些特例（你的某个下属可能在团队中扮演着特殊角色），但通常其他下属是不会这么认为的。

如果你的一两位下属有特殊情况，那么与他们多花些时间也没什么问题。在正常进行一对一沟通之外，找机会单独谈话。与其中一两位下属提前安排一次特殊的一小时会议，讨论一下项目、议题或者使他们变得特殊的任何事情。一对一沟通不是要在下属之间制造差距，而是要为每位下属留出时间，与他们建立关系。在工程师看来，不管你是否喜欢，你与下属的关系都是一种力量倍增器。你了解下属越多（不只是表现好的员工），他们就越信任你，你就越能让他们每个人发挥全力。

你的一对一沟通的沟通对象不包括除你下属之外的任何人。这意味着对于你的下属的下属，你不应与他们直接沟通。此处需谨记：你可以与同样要向你的上司汇报的人一样来做一对一沟通，你需要与他们建立紧密联系（参见“场景预设”）。

我们总能听到一些管理者的故事，他们“每两周进行一次一对一沟通，以此与全部 20 位下属都保持沟通”。当我们深入探究时，我们发现，他们直接的下属其实只有四位，而其他 16 位是他们下属的下属。那 16 人当然是组织的重要组成部分，也具有价值，但他们并非直接下属。当我们与管理者分享这点时，他们回答说，他们只是想“与我曾经管理的人保持联系而已”。在此声明一下，这里的“直接下属”是说直接向你汇报的人，而不是指你组织里的任何人。

与你的“跨级下属”进行一对一沟通是一种很糟的想法。“跨级下属”是指在大型组织里向你下属汇报的人。“直接下属”是指直接向你汇报的人。“跨层级”是指你跨越公司行政级别去接触某人的情况。

你该如何与组织中那些你下属的下属保持联系呢？坚持让你的下属与他们的下属实行一对一沟通。你的直接下属有责任与他们的下属保持联系。你与跨级下属（甚至跨级下属的下属）保持联系的方式是：与你的直接下属建立紧密联系，依赖他们来维持与跨级下属的联系。其他模式都不可取。

这就意味着你没法跟你的两个或以上层级的下属们保持跟你的直接下属一样的联系。你做不到，但没关系，你也不应该这么做。作为管理者，在这方面的尝试就是在浪费你最宝贵的资源——时间。在你之下建立一个高效的管理者团队，这是组织在发展中得以保持健康和高效的方法所在（参见“场景预设”）。

做好沟通记录

当我们教授客户实行一对一沟通时，我们经常会说：“如果你没有做记录，那就不是 MTO3。”

我们对一对一沟通方法的有效性研究取得的意外成果之一是在做记录上发现的。我们假设过，由于会议的目的是建立“联系”，对我们这样的工程师而言，这听起来似乎很“温和”，不需要做记录，只需要谈话就行了。做记录对于我们在会谈中直接的眼神交流也是不利的。

结果我们大错特错。在我们做过的每次研究中，下属都会告诉我们，他们的管理者做记录，实际上提升了会谈的效果，使它看起来更加重要。只一味聊天而不对后续事项做记录的管理者，被认为参与度不够，兴致不高，也不大可能会把后续事项付诸行动。在那些管理者不做记录的一对一沟通中，下属会觉得从专业角度来讲，管理者并不关心他们在说什么。

不做记录也增大了管理者和下属较少提及工作的可能性。虽然在某些例子中，不做记录能被理解，但在大多数情况下，不做记录还是不能被人们所接受。不做记录使得一对一沟通更像是私人会谈，与业务会议相反。但事实是，一对一沟通就是有关业绩的业务会议，只是有时候个人情况也会在讨论之列。

在进行一对一沟通时，管理者不做记录的问题并不在于记录本身，而在于不做记录这个行为背后所暗含的职责忽视问题。

在你们的一对一沟通中，需要完成工作。你是否有过参加其他的工作会议而没有带上笔记本和笔的经历？在我们的另一个获奖播客栏目“职场工具”中，有一条播客的标题是“笔记本和签字笔”，你可以参考一下（参见“场景预设”）。

我们所推荐的做记录方式很简单。我建议你带一个大笔记本，用标签页把每位下属的事项记录分开，或者你也可以用几本薄的本子分别记录下属的事情。

我们还建议你在做记录时，使用一种容易被视为一对一沟通表格的文件。对于大多数人来说，一些固定的格式会提升你的记忆能力。我们有标准的表格，你可以在我们的网页上免费下载许多我们测试过的用户上传的表格。它们都是 doc 格式的，你可以按照自己的风格和习惯来调整它们。我们的表格还有外文版本。多制作几份一对一式表格（O3F）吧，为你第一周的一对一沟通做好记录准备。

你用来做记录的笔记本不应该是你平常“开会”的笔记本，即你参加所有会议都会带的那个笔记本，也不应该是当你想查看别人什么时候说了什么会去翻看的那个笔记本。如果你使用那个笔记本，那你所有的一对一沟通笔记都会被散落在其他的会议记录中，你想借此为下次跟某个特定下属沟通做好准备几乎是不可能的。你将无法找到自己的支撑点，找不到议题，找不到需要自己反馈的东西，或因没找着分页项的记录而忘记需要反馈的东西（当你对于我在谈论使用笔和纸而不是数码设备感到失望时，请参见下文关于使用笔记本和平板电脑的说明）。

当你每次做一对一沟通的记录时，我们建议你重点关注一些特殊的领域。我们建议你使用一些与众不同的方法去获取可交付的成果。我们所说的“与众不同的”是指你可以立即发现的、任何时候都能一眼在你桌上的表格中看到的。

“一对一式表格”并不是高标准的战略性文件。每位熟悉一对一沟通的管理者所进行的沟通一般都非常详细具体，很多都与当周发生的事情有关。那就是他们的风格，不让你的下属谈论每天工作事务中的任务和责任是很难的。此外，因为一对一沟通涉及彼此之间的关系，信任就显得非常重要了。这意味着管理者一定要履行自己所说过的话。所以，记住自己的承诺就具有特殊的意义。

用画圈、画线或做星号标识的方式标记下自己的承诺，并能清楚地记录下自己所承诺过的可交付成果——要一眼就能看清楚。

我们建议你以一种不同的方式来完成沟通，履行责任。无论我们与什么人做什么形式的交流，不管记录的形式如何我们都遵循同样的差别性对待原则。这些也可以被归类为可交付成果，但我们发现，做区分很有益处。你也可以使用矩形或双下划线做标记。

我们建议你去获取反馈（后面我们会谈到），但不需要太过详细完美。你想要记录，是因为你有责任去追踪下属的绩效情况。在个别特殊的案例中，你希望记录下你与那些有被处分或解雇风险的员工的绩效沟通情况。

不管大多数管理者知道什么或者告诉你什么，建立"档案材料"的门槛其实是非常低的。当需要反馈时，你不需要记住翔实的细节或者详细的官方记录，你也不需要通过记冗长的备忘录总结法律案件。你需要原始数据，能够让人力资源部和它们的律师们清晰地勾勒出你频繁与下属进行绩效沟通的整个经过。这种档案材料的关键不在于形式、繁文缛节或长度。不论它是不是"同步进行"的，都可以在事件或沟通发生的同时予以证明。

无论你使用什么样的技术、形式或风格去获取反馈，它都应该是清晰可见和即时呈现的。我会用大写字母标明，并在它后面放上接受者名字的首字母，再加上一些常用来描述反馈的表示词。对于表格的其他部分和其他记录，则可用箭头标识。在 F- 和 F+ 后面加上数字来表示当时所反馈的实例的数量。

这是你们的人力资源部和法律部门需要的所有的正式手续。你不必去满足什么法律标准的要求，编写备忘录，详细记下自己所说的或下属的反应。做记录是比它更有用的方式。你不大可能在 18 个月后还需要回忆一些模糊记录的原始情形。记录能使我们在短暂的时间里记起相似的情景，最简单的记录也能够起到很好的作用。这里有两个例子：

F+，W，CT，perf. Improved（这代表着我给予了下属温迪正面的反馈，因为她在收听"职场工具"播客后绩效得到了提升）。

F+，M，1MM sales（这代表着我给予了下属麦琪正面的反馈，因为她达成了一季度 100 万美元销售额的目标）。

像以上这种记录就足够了。

最后，我们建议你在每周一对一沟通表格的背面记录下教练事宜。这与其说是一个关于“怎样”做笔记的建议，不如说是一个关于“在何处”做笔记的想法。我们的一位听众就是这样建议的，我们发现这的确是个好主意。

与其把你的教练笔记和其他一对一沟通的沟通记录混在一起，倒不如把它们写在一对一沟通表格的背面。如果你使用的是常规的笔记本，那就把你的笔记按从前往后的顺序记录（不是从后往前倒着来），然后当你打开笔记本或文件夹时，上周记录的表格的背面就在你的左手边，你眼前的就是本周的记录表。

选择合适的一对一沟通场所

不要在公共场合下进行一对一沟通。一对一沟通就像反馈一样，在某种意义上讲，它们是为个人提供服务的。你与下属之间进行的一对一沟通就是为你和下属所用的。

但是，我们也不建议你一味地保密。公开和私密只是相对的。从专业角度讲，很少有事情是在完全保密的情况下完成的。私密意味着你要找一间办公室。我们的原则是，你不能在公共场合下进行一对一沟通，但你也不必完全保密。

你可以找一家完全合适的开放与私密恰到好处的专业咖啡馆的中间位置，在上午 10 点进行沟通。那时候，咖啡馆会一直有人进出。你们可以在距离中心步道不远的地方，相对而坐，或者比邻而坐，在这个公共空间里进行会谈。但这并不是公共会谈，因为人们都知道你在跟人谈话，知道你不希望他们过来坐。

我们不建议你刻意寻求保密。如果你有独立的办公室，它就是沟通的理想场所。我们不建议你仅仅因为那是你自己的办公室而刻意回避它。你的下属不会害怕在你的办公室进行沟通的（如果他们怕，那是因为他们怕你）。你可以选择开着门或者关着门，都没问题。

但是，请不要去下属的办公工位，因为一个人去六七个或者 10 多个不同的地点，没有任何意义。相比而言，让六七个或者 10 多个人来到一个地方更好；坦白地说，这对你也更方便。你有许多可以进行会谈的地方，而他们只有一处办公点。走出办公室去找你的下属们所费的周折，会妨碍你的工作，并且这只会在你和你所进行的一对一沟通之间增添障碍。

如果你有个办公隔间，可能它是一个非常好的进行一对一沟通的空间。当我们想到“办公隔间”时，我们在想的是一处三边封闭的办公空间，里面是一张桌子，电脑通常置于桌角，桌子上带有键盘。关于如何使用你的办公隔间进行沟通的原则是：如果办公隔间大约 6 英尺[①]宽，隔板只比桌子高约 6~12 英寸[②]的话，那隔板高度是不够的。如果隔板高于此范围，而宽度又大于 6 英尺的话，你就可以在隔间里进行沟通了。如果你有椅子，让你的下属带把椅子过来，坐在你旁边，稍微保持一定距离，尽量降低声量，进行一次安静的谈话。

你也许会认为这不是理想的场所，的确如此。但从许多管理者面临的实际情况来考虑，这是一个合理的解决方案。不要因为追求完美，而拒绝美好的事。下属们不会因为彻底的私密，才去与你建立非常好的关系。

通常在办公地点周围会有许多杂音，如果你们正在进行安静的谈话，那你们的谈话就可以因为其他杂音（比如敲击键盘的声音、打印机和传真机的声音、人们走

① 1 英尺≈ 0.3048 米。——译者注
② 1 英寸≈ 2.54 厘米。——译者注

路的声音、空调响声等）的掩盖而变得私密起来。

你可以在办公隔间进行一对一沟通，经过一个月或者更久的时间，逐渐与下属建立起足够的信任，这样他们就会觉得可以与你分享一些私密的、感觉不自在的或自己所担心的事情（或许是关于家庭的、健康的，又或者是关于对组织的担忧）。如果他们真的需要一个比办公隔间更私密的地方的话，他们会提出来的。

05

一对一沟通常见的问题和阻力

如何应对下属的托词

如果一个主张对你很重要，那就应该反复去思考它可能遭遇的阻力，并且做好解决它的准备。如果当你有了一个新想法，而你却连以口头的形式为其排除障碍的想法都没有，那它也许就不值得去做。

首先，我们来看一下常见的托词。不要惊讶，你认为自己在尝试的是个好想法，并不意味着你的下属也会这么想。恰恰相反，当你改变管理方式时，下属对于这种改变的惧怕心理、不确定性和怀疑就会接踵而至。不要以为只有你会遇到这种情况，其实所有人都一样。

实际情况是，你的下属不会对你做出明确的回应，而是对“他们所理解的你”做出了回应。当你对着镜子时，你看到的是一个值得信任、刻苦工作、好心好意的自己，但遗憾的是，你的下属并不这样认为。他们把你当作上司，这不意味着你不好，你当然很好，这只意味着你的下属并不这么看你。他们首先会把你当作上级，然后才是一个好人。他们认为你所做的一切首先都是从你的角色出发的。考虑到这种角色权力对他们、他们的职业生涯和家庭意味着什么，他们的害怕就显得合情合理了。事实上，你从不会去做任何他们所担心的事情（因为之前的上司这么做过），这二者之间毫不相干。他们所担心的是你有权这么做，而自己却在处理与你的关系时没有很周全地考虑到这一点。

所以，由你的角色权力所引起的恐惧，让他们对新的管理方式产生了最初的消极反应，而有这种恐惧很正常。对一些恐惧的反对意见做出回应，有助于提高你采取措施的速度，以及拓宽下属支持的范围。

拒绝实行一对一沟通的最常见三种托词如下：

1. 它是微观管理；
2. 我没时间；
3. 我们一直在沟通（我们之前聊过）。

它是微观管理

有些下属认为一对一沟通是微观管理。他们不需要，不喜欢，也不想要。

在我们告诉你该如何应对这种消极反应之前，请记住你自身可能存在的事实：你是否认为你的上司不是每周与你沟通半小时的合适人选？你是否会回绝他的谈话请求？你是否不会去跟他交谈？

想想看，你的上司说他有个更好更快的做预算的新方法，你是否会对他说不？他说："我们将改变做费用报告的方式，所以我们要学习新的方法，而且它是值得的。"你是否会抱怨他天马行空，不知所云？如果公司有了新的预算流程、新的年度审查规范、新的休假政策、新的费用报告软件、新的手机合约、新的发货商，等等，你是否真的会置公司规定于不顾呢？你当然不会。

你自己不会对上司做的事情，也不要让你的下属这么做。

好吧，那你该如何回应一对一沟通是微观管理这种托词呢？

首先，一对一沟通并非微观管理，这样想是荒诞不经的。从公司的角度看（也是管理者应该秉持的角度），不受管理监督的下属是会面临责任风险的。

那些认为每周一次 30 分钟的会议是一种累赘、并认为你盛气凌人的下属，实际上是在告诉你：或者他害怕监管——这是很可怕的；或者他无视监管——这是一种足以破坏团队的傲慢。

当今的“管理者-下属”关系中普遍存在的问题不在于管理得过多，而在于管理得太少。实质上在所有组织中合理的管理都能够提供必要的指导、控制和激励措施，它远未达到侵扰或不利的地步。

针对一对一沟通的终极辩护，即它是对什么是真正的微观管理的一下提示。下面是“管理者工具”栏目中对于微观管理的定义：

微观管理是一种对干预式关系系统而常规的应用，比如管理者分派任务，解释该做什么、如何去做，坚持完整的流程合规性，然后实时观察工作情况，在工作实施过程中纠错，如果发生偏离标准问题，则接管工作，并由自己来完成。

苛刻的上级不是微观管理者，索要报告也不是在做微观管理。期待更新升级不是微观管理，要求每周开一次会也不是对某人进行微观管理。任务、可交付成果、最终期限、成功、失败、成长机会以及家庭等方面都不是微观管理。

所以，当你的某位下属指控你在错误地试着对他进行微观管理时，你可以从正面去回应。可以用冷静放松的口气说：

一对一沟通与微观管理之间有很大的区别，对它们进行比较是因为我们的确对它们各自是什么以及意味着什么有不同的想法。微观管理是一种对干预式关系系统而常规的应用，比如管理者分派任务，解释该做什么、如何去做，坚持完整的流程合规性，然后实时观察工作情况，在工作实施过程中纠错，如果发生偏离标准的问题，则接管工作，并自己来完成。

反之，一对一沟通就是一次30分钟的会议，每周一次，由你和我两个人来开。就是这样。日程很简单，不需要汇报，每周你只需要2~3分钟的准备即可。无论从哪个角度来看，一对一沟通都不像是微观管理。

从定义上来看，微观管理是不合理的，而一对一沟通不同，这是因为一对一沟通从根本上来说是一种新的沟通形式，它可以消除其他一些效率更低和作用不大的沟通形式，比如：有序等着见老板；进行10次3分钟的谈话或一次15分钟关于10件不同事情的谈话；更高频率的反馈；更及时的反馈；一次获得教练的机会；减少电子邮件沟通产生的误解；尽管频率过高（或过低）却仍然稳定的沟通。

认为自己做事有效率的管理者会争辩说，他不会对下属做这些事情：进行绩效沟通、回答问题、提供反馈、分派任务、表扬、提供教练、就关系进行交流、讨论发展、发展关系、询问委派的任务的进展、期望进展报告、关注工作-家庭间的平衡、制订计划、检查别人的工作和激励等。

这些都是在一对一沟通时所做的事情。难道真的会有人认为，一次性完成上述所有事情，在某种程度上其实是不好的、无效率的或没有作用的么？事实上，一次性完成所有事情对下属更有效和更有规律，而对管理者也一定更有效率。而每周进行20次谈话，许多谈话将因为时间限制而变得没有效率，更没效果。

如果你只要求下属花1%的时间——仅仅1%，那么一对一沟通不可能成为微观管理。为什么是1%？这是个简单的算术：如果你的下属每周工作50个小时，那半个小时就是他每周工作时间的1%，换成每月、每年也是如此。

不将下属时间的 1% 用于与老板就工作相关的事宜进行会谈，是因为会谈太具干扰性，这种想法本身就是可笑的。

最后，要回应因为一对一沟通是微观管理而推托的下属，只需坚持让他们参加即可。虽然我们从“管理者工具”栏目中知道，关系权力确实是三类权力之中的首要权力，但我们从未说过它是唯一的影响方式。有时候，使用你的角色权力是必要的。但请记住，如果你确实要使用角色权力，并且它是建立在强信任关系的基础上，那会更有效率。角色权力会通过团队更紧密的关系而得到提升。

在告诉你的下属为何一对一沟通不是微观管理之后，你可以说：“我知道你所说的了，我还打算更进一步。我希望启动这一流程。”

我没时间

下属拒绝实行一对一沟通的第二种最常见的托词是太忙了。

当下属告诉你他很忙时，他是在说自己“当时”很忙。在许多组织里，确实是这样（尽管在很多组织里，声称很忙并非实情）。但是，如果我们把每个新想法都与每个人当前的日程做对照，那几乎没人会想着引进新思想来改变行为或提升绩效、质量、数量或效率了。

这就是当我们宣布要进行一对一沟通时，却又说在未来三周内不会进行的原因所在。部分原因是要为它排出时间表，这需要下属们抽出一两天的时间。另外的原因是要为回答疑问安排出时间，当你改变管理下属的方式时，总会出现疑问。沟通被延迟的原因还有，我们需要时间去知会每个人，一起花几天时间去准备。此外，也要让有意向的下属来听你对他们所做的指导（在第 6 章我们会深入讨论这点）。

但是，需要延迟三周的主要原因是，宣布开始当周的日程表已排满了的人，很少在三周之后的日程表同样排满了。一般我们都会滚动地把三五天的请求和接受的事项安排到我们的日程表（看着你自己的来检验一下）当中。如果你是一个大忙人，今天很忙，明天可能也很忙，但我可以打赌，此后的五天，你肯定没那么忙。也许只是 50% 的日程已被安排满了，而此后的三周，很可能没什么事情，除了也许早就确定好的周会。它们也许只占了你当周不足 10% 的可用时间。

所以，如果你的下属以太忙来推辞，那就告诉他们，你知道且料到了，所以你才会安排三周后的时间——你知道他们那时候的日程表中还没什么安排。

下面是实际可能出现的情形：

下属：我没时间去参加什么会谈，你知道的，我工作太多了。

管理者：我知道你目前很忙。谢谢你的辛勤工作。我感激你也尊重你。所以，我没有让你现在就开始，我让你三周后参加。我确认过了，那时候你没什么安排。

下属：但是，那时候我的日程会安排满的。它总会被安排满，我一直都很忙的。

管理者：是的，但是如果你在我们首次一对一沟通之前的几天开始填写日程表，你总能留出半个小时的。这并不多。

如果这招管用，还有一个你可用来对抗“忙碌”托词的方法是，如果你的下属都这么忙而没时间做更多的事情，那他们最好有做事的优先次序。他们也许忙得都没时间去做真正重要的事情了。他们需要调整状态，有什么方式比做一次常规的检查更好呢？

“忙碌”是应对管理者意见最常用的辩解手段之一：“我没时间，我太忙了，你想让我先什么都不做，而腾出时间去做新的事情？”

下属们觉得这些辩解是合情合理的。然而，如此忙碌而当事人却无法改变的话，其背后的含义是危险的。如果每个人都很忙的情况无法改变，那就表明组织永远不会改变。我们所知道的是，最忙碌和最成功的组织永远是处在变化之中的。当它们都像我们这样繁忙，那它们是如何变得更好的呢？当它们既能改变自己忙碌的状态，又能达成业绩时，那我们的忙碌如何能成为不发生改变的理由呢？

当然了，答案就是忙碌根本不是理由。从定义上说，每个人都会被认为"很忙"或者至少尽力了。实际上，组织行为学家告诉我们，那些可能没有很多事情可做的人也会把日程表填满，并且毫不奇怪的是，他们也会说自己"很忙"。

让我们以一种不同的方式来看待"忙碌"。对大多数人来说，非常忙碌的状态意味着他们整日在辛勤工作。"很忙"与"我一直在开会"有一点不同。"很忙"包括了一个人要做的所有工作，连同花在会议上的所有时间。但是，从其核心意义来看，"很忙"意味着"我有许多事情要做，时间远远不够用"。换句话说，如果你没有把所有的事情做完，那你就是很忙。那就问问你自己：你感觉很忙吗？那么，每晚你回家前是不是都把工作做完了呢？

当下属说自己没时间去参加一对一沟通时，那表明他相当忙碌，工作没做完。但如果这是对新的职责的一种托词，那你就永远没法让那位下属去尝试新的事情了。

当工作多到做不完时，有一条简单的原则是：**在试着完成更多的工作之前，先完成最重要的工作。**理由很简单，最好先试着通过效用去取得结果（做正确的、有价值的、重要的事情，然后试着通过效率去达成目标），即在更短的时间内做同样的工作，将做正确的事情排在首位，在做正确的事情时会变得更有效率，然后你才会有更多的时间去做更多的、正确的事情或者重要性低一点的事情。

所以，当有下属说他没时间或太忙而不能进行一对一沟通时，另一个有用的应对方法是跟他解释：如果他这么忙，你就知道他没完成所有工作，这就意味着你需要确认他是不是首先在做正确的事情。需要多谈谈他在做什么，通过一对一沟通进行调整。

下面是实际可能出现的情形：

下属：我太忙了，参加不了任何无价值的会谈。我有太多的工作要做，时间不够用。况且会谈对我来讲有什么帮助吗？

管理者：我知道你很忙。我们都很忙。不过，有太多工作要做也并不妨碍副总和总监们召集我们多开一两次会议啊。不管怎样，如果你那么忙，我们就应该确保你是在做正确的事情。我想你所做的事情我并不知道，而且你跟我一样，可能你所做的有些事情是你自己喜欢的，但未必是对团队或组织最好的。不要见怪。所以，如果你的工作做不过来，我们就百分百确保你所做的是最重要的事。况且，一次半小时的会谈大约只占用你每周工作时间的 1%，并不会给你带来多大的工作量。

我可以保证，你能与下属达成某种一致，你们每周匀出来的时间要比在一对一沟通上面所需要的时间多得多。

最后，给那些没时间参加一对一沟通的下属最简单的回应就是让他知道，你所要的时间是很少的。这种回应之所以有效，部分是因为很少有人能全局地或战略性地考虑自己的时间和日程安排。他们会考虑当前和近期，通常关注的是快要到来的截止期限。大多数挤出更多时间的方法是，在接下来要做的一些事情上花更少的时间。

这种方法是策略性的，它也许能帮你获得节省下来的时间，但它会逐渐增加的。高效的方式是自始至终做好个人不同事项的时间分配。戴维·艾伦（David Allen）所著的《尽管去做》（*Getting Things Done*）这本书就完美地阐述了这一点。劳拉·范德卡姆（Laura Vanderkam）的《168 小时》（*168 Hours*）这本书也很好地实践了这一点。这个概念也在广泛被引用的史蒂芬·柯维的“大石块”的故事[①]中得到了诠释。

① “大石块”的故事是把时间比作桶的容量，石块、沙子和水等比作要做的事情。要想把桶装满，正确的步骤应该是先装大石块，再装小石块，再填沙子，再倒入水。这个故事的启示是，先做最重要的事情，再做次等重要的事情，而把不重要的事情放在最后。——译者注

当你正忙于“当前”的事务时，有人却让你腾出半小时的时间，那种感觉就像突发中风的反应一样。当你正忙于截止期限已到的当前事项时，你觉得不可能抽出半小时的时间。不过，如果我要你下个月抽出半小时，你肯定是可以的。

让我们来计算一下一整年的一对一沟通情况：每周 30 分钟，乘以 52 周。这不完全准确。应该是 52 周再减去你自己两周的假期和下属的两周假期。所以，我们有 48 个 30 分钟，也就是 24 小时。如果每天工作八小时的话，那就是每年三天的时间。

对于我们的算法，正确的反应应该是这样：“你是在跟我开玩笑吗？我的下属在一整年的时间里，跟我谈论工作、绩效、发展以及其他事情的时间只有短短三天？而我们却在宣扬团队成员的沟通协作？太不可思议了！这简直是匪夷所思！”

如果我们真的去计较的话，人们一直在说他们每周都要工作 50 个小时（甚至更多），而我们现在每年只会谈两天！不可思议。

并且，下属们在每次的 30 分钟里，只能谈上 15 分钟，这意味着我们找他们会谈的时间每年只有 1 天！

一个人在一年内没有这么多时间的说法是荒谬的。下面是实际可能出现的情形：

下属：老大，我没时间做这个。你让我做那么多事情，我连待在家的时候都感觉神经紧绷。

管理者：那好吧，要事第一。如果你待在家里的时候都有问题，那让我们来谈谈吧。家庭是第一位的，你回家后，就别管工作了吧！

当然了，我也不是要你花很多时间。每周 50 个小时的工作时间，30 分钟只占 1%。从现在往后的三周之内，你的日程表中并没有什么安排，所以你很难说服我你无法腾出 30 分钟来做一次一对一的沟通。所以，让我们开始准备吧。

最后一种应对托词的方法就是坚持使用角色权力。我们不建议你经常这么做，我们通常都会从关系权力开始。在组织内，存在三种形式的权力或影响力：角色权力是组织赋予你推动别人为组织行动的力量；关系权力是你基于别人对你的了解和信任，而改变他们的行为的能力；专业权力是别人通过对你的技术、行业或专项知识的理解而追随你的指导的权力。

我们知道关系权力是终极手段，但这并不意味着角色权力不存在。如果我们平时极少使用，那么我们一旦使用，就会受到下属的尊重。角色权力与你所使用的频率成反比例关系。有时候，要想让别人收回自己的反对意见，就有必要让他们看到新计划的好处，而不是提前试着说服他们新计划有用。

如果你尝试过一些或者其他所有的应对方式，那么公平地说，你已经够努力了。而且在时间上，虽然我们都欠每个下属一次合适沟通机会，但在某些情况下，试着用我们的关系权力去劝服他们，既无效果也无效率。

下面是使用角色权力时可能出现的情形：

下属：我看不到这对我有什么帮助。这只是另一次会议而已，还不如让我去完成手头的工作。

管理者：有道理。我知道我说服不了你。话虽如此，但我时常要考虑管理，而不是协商。我相信随着时间的推移，这种会谈会变成我们每周最有价值的事情。我不是要说服你，但我打赌，我们共同达成的结果会让你信服的。所以，我还是坚持。你要找个时间，尽你所能保持积极的态度，让我们一起来达成互信。

这并不是我们的首选回应方式，但当你相信自己的计划时，它就完全合适。

下属聊得太多或聊得太少怎么办

好的，现在你已经安排好一对一沟通的日期了，它每周都会进行，每个下属各30分钟。如果你像我们所培训过的大多数管理者一样，那你脑中会想："我们要聊些什么？"

"一对一管理者工具"是业务会议。它与建立关系相关，但是你建立的这种关系的首要目的是取得成果。正因为它是业务会议，所以它有确定的时间表。一对一沟通不只是"坐下来聊天""正式相互了解"或者"动员快速追赶"。那些尝试过这些非结构式谈话的管理者很快就会发现，这种会谈在现在的工作环境中没什么意义。如果你的一对一沟通没什么基本框架的话，那你最好取消，回头跟你的团队成员在厅堂或休息室里聊一聊。

会谈安排很简单：首先，给你的下属10分钟的时间发言，之后的10分钟由你来说，最后的10分钟你们共同来谈谈未来。日程表中最重要的事项是"首先"这条：日程表的关键是让你的下属先说。我曾经分享过我们首次进行一对一沟通的进展情况，那时候我们让管理者先说话，结果简直就是一场灾难。如果你先说话了，不管你说的东西有多重要，你都无法在一对一沟通中有所收获。

让下属先说话，他们就会说出自己的心声。在我所记录的或收集的成千上万的一对一沟通中，管理者们都不确定下属们想要说些什么。

实际上，一对一沟通"开始"的方式是你先做个陈述或提个问题。我们几年前试过，让管理者什么都不说，只让下属们说话，但是据管理者和下属们后来反映，当时的情况会很尴尬。

在每次与每位下属开始进行一对一沟通时，不管怎样，都要从同样的问题开始。这降低了对创造力的需要，增加了你投入去倾听答案而不是问题的脑力，同时也简化了你的工作。

每次都提出同样的问题。记住它并告诉你的下属："这就是每次会谈开始时我都要提的问题（或论述）。我并不需要答案，这只是我把话语权交给你的方式而已。"你不必尽力把每次的一对一沟通都变得很特别。沟通的价值并不会因某一次沟通没做好，就无法实现，重要的是要保持恒定不变。如果你熟记了你的问题或论述，你就不用每次都去想了。如果你的下属知道每周都会有，那他们就知道该期待什么，他们也会将此看作你对他们的时间的尊重。你提的问题可以是："最近怎么样？""你怎么样？""事情进展如何？""你的日程安排如何——你最近在做什么？发生了什么？"等。

曾经有很长一段时间，我都以"你的日程安排……"这种方式来开始一对一沟通。其原因是，如果我不细心的话，我就会提及或评论一些事情，或者强行从会谈中得出些什么，而不是让我的下属们真正去把握自己的时间。我这么做是为了避开我自身的弱点。

不管你做什么，不要期望你所提出的所有问题都会得到真正的或详细的答案。关于这点，有一个很好的例子，是一位管理者所思考的："这是一个与关系相关的会谈，所以让我们放松一些，从闲聊开始。"所以，在这种情况下，周一的一对一沟通可以这样开始："你的周末过得怎样？"但现在的情况是，在会谈的头两分钟里，下属都在回答你的问题。你奠定了基调，你的下属所谈的也是你希望他们说的。他们和你在一起的 20% 的时间被你设定的议题所占据了，而这却不是他们所感兴趣的议题。

我们说过，一对一沟通是一次 30 分钟的谈话，你没时间去闲聊。

你的下属们想要聊的是什么样的事情呢？谁知道呢？那只是会谈的价值之一。如果你想要同某个人建立关系，而这个人是你信任的，你可以不用对其进行微观管理，他就能完成高质量的工作，那你需要考虑的是这个人跟你不一样。你的下属有着与你截然不同的快乐和痛苦，在家庭中所关注的问题以及对成功的定义也不一样，自身工作的思考方式也不同。如果你从不考虑这些差异，你就不是在真正地建立关系。

我有时会开玩笑，把一对一沟通中属于下属的部分叫作“小狗和彩虹”[①]。因为如果我的下属想要聊一聊小狗或彩虹时（这两种话题都不能吸引我，即便很多人会喜欢它们），我还是会听的。我会提问题，做记录。如果它对我的团队成员很重要，那它对我就很重要。这就是彼此建立互信关系的方法。

所以，不要问你的下属太多问题。我理解你不想对他们所提的任何事情都毫无准备，我听过很多这样的理由。但是，如果你想要一份清单或进程表的话，那你的下属每日就要花时间去想日程的事情。此外，如果下属有个难办的事情要跟你讨论，你刚好看到它已罗列在日程表里，你想立即讨论它，但你只是按照自己的时间节奏这么做，很可能当你让下属在一对一沟通之前说些什么，但他们却并没有准备好。

并且，给你的下属设定一系列你们将要谈论的话题并不是一个好主意。从理论上讲，这很有意义——下属们会做好准备，会谈也会更有效。在绝大多数情况下，下属们会在属于自己的时间里来应对你所列的主题。你会说情况不是这样的，你实际上的意思是，在属于你的时间里来说你所列的主题。但是，我们多年的研究结果显示事实并不是这样的。根据我们的经验，那些提前在下属的日程表中加入诸多事项的管理者，会在会谈中降低下属对其满意的程度。

尽管如此，关于你的下属想说些什么，我们也有数据可追溯。74% 的下属说他们在与领导进行一对一沟通时，多数时间里最想沟通的是工作，但他们为什么没有这么做呢？问题出在你和下属沟通的首要环节。你想想看，如果你的上级与你进行一对一沟通，你会不会用这段时间与他进行一些不重要的闲聊？当然不会了。

---

① 这里是指美好而有益的事情。——译者注

在一次典型的一对一沟通中，下属的谈话应该包括：手头工作的进展；目前面临的问题；项目现状的汇报；有关预算或沟通的协助请求；下一步工作或解决问题的指导请求；核实他们听到的谣言；阐明你想要什么或你想如何完成事情；告知你他们所完成的任务；待定事项的跟踪情况；需要从你这里获知的信息或材料的提醒等。

如果你们的一对一沟通像以上所描述的，而你又担心这“太像是工作进展汇报”的话，请不要担心！你从下属那里获知的东西对大多数下属来说都是正常的，但并不是对所有下属都这样：有些人会多分享一些私人信息，而有些人会照此说下去（但是有一小部分人偶然会这么去做）。大多数时间里，你们的一对一沟通主要谈的是工作。

在你的下属看来，一对一沟通是一次有价值的沟通“工作”的机会，那是他们日程表的一部分，是谈论他们自己工作的，而不是为你和你的日程安排所做的工作（尽管它们的确有关系）。

一对一沟通是关于私人事项的，还是关于工作的呢？实际上，它为两者都提供了机会。相信你的下属，他们会选择去讨论对他们而言重要的东西。

在属于你的 10 分钟时间里，你也可以谈你想谈的任何事情。有 74% 的下属说他们最想谈的是工作，但同样这么说的管理者却高达 89%。因此，也许你想问一下最近的工作进展情况，分派新的工作，询问目前工作中存在的问题，为接下来的工作做计划，以及分享关于新事项可能的想法。这是很正常的。

你可以说些自己的私事吗？当然。如果你喜欢，可以提及自己的家庭，但你不一定非得这么做。如果你想，你可以说说自己的周末，可以说说自己所做的志愿者工作，最近看的电视或电影、参加的聚会、做过的家务或你期望的天气等。在任何正常的关系中，这些都是常规的聊天主题。所以，说这些事情也没问题。

但是，你可能还是会说工作，那也很好。

如果你在一对一沟通中想要更多关于工作和私人问题的指导，那可以看看“场景预设”栏目。

在“一对一管理者工具”中属于你的部分，你可以谈你想谈的任何事情，只有一个例外。一般而言，如果你需要与整个团队分享什么信息的话，我们建议你通过一种叫作“瀑布式会议”的形式来实施，而不是在你的一对一沟通会上。这有点儿像你们每周开的员工会议（参见“场景预设”），你只需对所有的员工说一次会议内容，而不是七次（即对每个员工单独说一次）。另外，如果你与每个人单独分享的话，你会被重复问到很多相同的问题，你也会给出很多不同的回答。这都是毫无效率的。所以，不要在一对一沟通时向下属传递标准信息。

在你们一对一沟通的最后 10 分钟你可以定期与下属谈论一下未来。你可能每 20 次谈话仅有一次这么做，因为我们已经说过，30 分钟可能不足以涵盖你和下属想谈的所有事情。每年与你的下属谈论两到三次蓝图或未来计划即可。

一对一沟通的 10-10-10 分钟安排只是一种模板而已，你并不一定每周都要谈论蓝图或未来。

更有代表性的进程安排可能是 15-15 分钟的模式：下属先说，然后你再说。我们最初教别人实施一对一沟通时，收到了一些有趣的反馈。很多管理者在其评论中分享了两种常见的情况：（1）有时候我们说得很少，我该怎么办？（2）我这次说得比之前更具体，这很好，但我想每次做些关于前景方面的沟通。

第一个问题的答案很简单：当你们沟通完了，那也就算结束了。如果一对一沟通时间结束了，那你也没办法。幸运的是，你能挣回更多的工作时间。

因为我们经常听到关于缺少宏观讨论和沟通时间不足的反馈，我们只是把这两个问题合二为一了。日程安排的最后 10 分钟是一种提醒，提醒你当你认为时机合适并且即将结束时，去谈谈未来或者蓝图。如果你的时间不够用，那就不要谈未来。如果你连续两周时间都不够用，那就没必要再去谈未来了（除非的确有值得谈的事情）。

在这一点上，你可能会感到疑惑，相对于日程表的时间安排来说，大多数一对一沟通是如何实施的？下属平均的说话时间是 21 分钟，那么我们接着可能会说，管理者只剩 9 分钟时间了。然而事实并非如此，因为管理者反映说，他们经常会超出原定的会谈时间，以此来谈完他们所列的事项。

那么，对于谈得太少的下属，你该怎么做？情况会很尴尬吗？有趣的是，下属谈得太少恰恰是你最大的问题。因为事实恰恰相反：下属更有可能谈得太多，而不是太少。我们就下属是否多言的情况调查过数百位管理者，数据显示大约 65% 的下属会“适量说话”，30% 会“说得太多”，只有 5%“说得太少”。

你更有可能面对的是谈得太多的下属，而不是沉默不语的下属。让我们逐条来看看这两种情况。

如果下属谈得太多，那就应该让他们意识到你对此会感到为难。不过即使连续数周内，下属完全占用了 30 分钟的时间，你也不要反应过度。而应考虑一下如何逐步改变下属的行为，要慢慢来。

不要出现我们称之为“日程表法西斯主义”的情况（参见“场景预设”）。“日程表法西斯主义”是指，你只告诉下属你想花时间来了解他们，告诉他们会谈是为他们准备的，你说日程表的安排是 10-10-10 分钟。然而，第一个 10 分钟刚到，你就说：“好了，时间到了，我必须打断你了。”

遗憾的是，这并不会有助于你与下属建立关系。有些人可能会想：“好吧，既然日程是这样安排的，那我们会遵守的——对吧？”不对。如果是那样，为何不是所有的会议都有日程安排，都准时开始、准时结束呢？会议的日程安排是为会议目标服务的，也是为了促进目标的实现。如果日程安排阻碍了目标的实现，你就应该抛开日程而去关注目标。

如果你打断下属，而下属却仍然有很多话要跟你说，并且理由充分，那你就是把日程看得比目标重要了。

因此，刚开始时让你的下属持续说。不要担心你所列的事项或日程，你总能在后面找到机会跟下属沟通：如果你问下属“你有时间吗”，那我打赌他们绝对会说有。

也许下属仍然会说上 15 分钟、20 分钟或 25 分钟，甚至 30 分钟，让他说好了。如果第一个月在每次进行一对一沟通时，下属都能够说上 30 分钟，那就让他说吧。

两个月后，你就可以说：“好了，到 20 分钟的时候我会提醒你的。你一直都是说满 30 分钟，我们刚开始时，这没问题，但是现在我有事情要说。”从下个月开始，在 20 分钟的时候，你就提醒一下他。这并不是一次强行打断，只是提醒一下：“喂，已经 20 分钟了哦。”

再过一个月，在 20 分钟的时候做个“口头提示”之后，你就可以在每到 20 分钟的时候就强行打断他：“听着，上个月我就说过，当你说到 20 分钟的时候，我会提醒你的。但从现在开始，我之前所用的提示就会变成打断了。我真的很想就我计划的事情与你进行沟通。”

也许在你首次打断下属时，情况会有些尴尬。但之后下属也就会适应了。我们就此测试过大约 50 位管理者，根据我们对管理者和下属的测试结果来看，打断是完全没有问题的。

现在，我们来看看更少见却很棘手的情况——如何面对沉默寡言的下属。这种类型的团队成员在初次参加一对一沟通时，几乎什么都不说。当你问他事情进展怎么样时，他会说没什么。当你问他自己怎么样，他会说很好。

你该怎么办呢？首先，不要去揣测下属的态度或意图。当我们讲到绩效沟通的时候，我们会重点讲一下这类情况。现在，试着只关注他们的行为——不愿沟通。

我们的原则是，给这类团队成员一定的时间。请记住，每位下属都会把他之前所建立的关系呈现在上级面前，包括他与之前上司的所有关系。也许他曾有过一位（或两位）道德欠佳或粗暴型的领导，因此如果他总是用沉默来回应你的对话以及与之建立关系的要求，也就不要感到惊讶了。如果他不愿开口，不要惩罚他，也不要表现得粗鲁或蛮横。请他说话，如果他没什么好说的，那就过渡到你要说的部分。就你想说的主题说上 10~20 分钟，你也可以说一些关于未来的主题。尽管这不是很好，但是对你很有用。

如果这种情况继续下去，我们建议你在每次一对一沟通开始前用类似下面的方式问三次。

管理者：你有什么事儿吗？

下属：没有。

管理者：嗯，那好吧。你要知道，这是属于你的一对一沟通，而且是该你说话的部分。这 15 分钟属于你，你可以做头脑风暴、求助、提问、讨论或分享任何你想做的事。

下属：我还好。

管理者：好的。我只是想确认一下你有没有什么事情。我倒是有些事情，但该你先说。你最后还有什么要说的吗？

下属：没了。

你试过三次——再多试一次都会让人烦了后，现在轮到你说事了。当你意识到

（下属沉默了两三周之后）有问题时，我们建议你多问问关于工作、进步、问题、忧虑和需求的情况。

它可能是像这样的：

管理者：那好吧，该我说了。喂，我注意到，在员工会议上你对方案A有些质疑，你差点漏掉一项可交付的成果。跟我再说说它吧。（你这么说的时候，尽量使用愉快的语调，要微笑，并保持眼神接触。你并不是要揭露什么问题，只是试着看看要不要帮忙。）

下属：我在等凯斯的消息。如果他不把之前的工作做好，那我就无法做我这部分的工作。

管理者：很好。那你什么时候能拿到结果？

下属：我不知道。我还没拿到。

管理者：那你有什么计划？

下属：我不知道。

管理者：你一直在跟进吗？

下属：是的。

管理者：怎么跟进的？

下属：我给凯斯发了封电子邮件。

管理者：好的，但是我有更好的经验，可以打电话给凯斯询问进度。很明显，你的邮件没起作用……

通过这种方式，你们之间的一对一沟通变得更有效了。

事实上，这种类型的阻力不多见。我从没经历过，我的同事和朋友们也没遇到过，但它确实发生过。给下属一点时间，之后他就会慢慢向你敞开心扉。

下属拒绝记录怎么办

在做记录这件事情上，可能会遇到两种托词：管理者喜欢在笔记本电脑上做记录，而下属却担心管理者的记录会成为一种“档案材料”。

我们不建议你使用笔记本电脑来记录，也不建议使用别的什么电子工具。只要快速用谷歌搜索一下，你就能发现手写和打字之间的效率差异。在你这么做的时候要记住，你的大脑可以存储的是图片，而不是文档。大多数使用打字键输入笔记的人，都打算后期在笔记本或其他设备上搜索文档，但是实际上并没有几个人真这么做。而且，记住你所录入的东西，比记住你手写的东西要难得多。

不管你是否喜欢，下属会告诉我们：当他们能看到电脑屏幕，而你在收发电子邮件，即时通信软件也在运行时，他们就知道笔记本电脑使你分心了。

此外，你的手机有摄像头，你可以拍照存储笔记。

尽管如此，我们还是喜欢使用技术来使生活变得更加简单。如果你对此感兴趣，那你就知道，2016 年最好的解决方案是，使用平板电脑上的微软 One Note 软件，或者苹果 iPad 上的 Apple Pencil 软件。你不用非得带上笔记本电脑，至少在一对一沟通时不用带。

档案材料

当下属问及档案材料时，就好像它是可怕的东西，而我们形成文字记录的谈话也会变得更难进行。下属们的意思是，他们害怕管理者开始写东西时脑中所想的是：事情可能变得很糟糕，需要有正式的记录、史料和档案来支持某种处罚。

记录是一种职责，而不是什么可怕的东西。你所做的记录、所发的邮件，以及创建的电子表单都是某种档案。

档案材料早有“恶名”，就像年度考核一样，但其理由很荒谬。年度绩效考核是个很好的例子，它让管理者们在面对什么是管理以及管理者该如何做等问题时，无话可说。年度考核的存在是使组织可以进行接班人规划，它们是前瞻性的练习和记录。然而，因为管理者不善于给出反馈，所以组织（及其管理者）就指派他们去参加年度考核的反馈练习。这当然是荒唐的，年度考核和反馈并不能合理地相互修正。

所以，如果有下属问你：“你是在记录档案吗？”我们建议你这么回答：“是的，但这不是因为你面临着麻烦。档案并不是一个坏词。我也并不是因为出现问题才‘开始记录的’。我几乎对所有在做的事情都会做记录。如果你是我的优秀员工，我会记录你的成功事迹。我做记录是为了帮我记忆，让我可以准确地追溯所有的事情。所有专业人士都会做记录。我的笔记、电子邮件以及我的工作产出等都是各种形式的档案材料。”

进行一对一的电话沟通效果好吗

借由电话来实施一对一沟通，会使你大受裨益。如果你和下属工作不同步，或者有一人在外，那么进行电话一对一沟通就很有效率。我们的数据显示，你可以从电话沟通中获得大约相当于面对面沟通 80% 的效果。效果有所下降的原因并不在于电话沟通本身，而在于距离。

在过去 10 年里，由于我的出行安排，平均有五位下属与我所做的面对面一对一沟通的次数不到 20 次。想象一下，那是 10 年的一对一沟通啊，用它乘上每年的 50 周，再乘以五位下属，就是 2500 次。由于我的出行安排，实际面对面一对一沟通次数不到原计划的 1%。如果电话一对一沟通没用的话，我也就不会去做了。

以下是一些基本的原则。

当你不能面对面沟通时，使用电话沟通

如果你可以做面对面的一对一沟通，那我们当然建议你这么做。大多数管理者的工作时间与下属是同步的，尽管如此，工作的地点却变得愈加虚拟化。

只有两种情况适合进行电话一对一沟通：（1）你的下属与你的时间不同步；（2）正常排班的下属出差或管理者出差，面对面沟通不可能实现。我们建议的原则是，这两种情况出现其一时，就可以选择进行电话沟通。

道理其实很简单，下属就是下属，不管他们在不在你的办公地点。如果一对一沟通的目的是鼓励与之建立有效的关系，即便你们不在同一地点又有什么关系呢？如果我们把这当作目标和价值讨论，而不是形式或过程讨论的话，那它就很好理解了。你有责任与下属建立起关系，而这与距离无关。所以，如果你与下属距离很远，不管是暂时的还是一直都很远，那就通过电话来进行一对一沟通吧。当然，你可以使用手机，网络电话也没问题。

有网络摄像头更好

就像面对面沟通优于电话沟通一样，使用网络摄像头沟通也比纯粹打电话要好。当然，有电话总比没有好。如果你和你的下属身边都有网络摄像头，那就用起来。如果你有疑惑，不知这样是否侵犯了下属的个人隐私，那你就这么想：财富 100 强企业现在还要求所有远程办公的员工都使用网络摄像头呢。这不是侵犯隐私，它提供了一种更广泛的获取信息的方式，以此来帮助管理者与下属更好地建立关系。

基础工具仍然适用

我们已经接触过进行电话一对一沟通时要使用的工具了，但是请记住沟通的目标。电话只是一种沟通工具，使用它的目的就是建立关系。所以，所有这些具有坚实基础的概念，对于电话一对一沟通而言仍然适用：

◎ 对团队成员重点关注；

◎ 定期安排；

◎ 从不错过；

◎ 30 分钟（以及 10-10-10 原则）时长；

◎ 做记录。

主动呼叫下属，效果更佳

多年以来，我们同时试过主动呼叫下属和让下属呼叫这两种方式。有些管理者会说："如果是关于下属的会谈，对下属来说又这么重要，应该是下属呼叫我才对。"这话有点问题。一对一沟通既是关于下属的，也是关于你的。下属年终的考核是关于下属的，但也是由你来完成的。反馈是关于下属的，但也是由你来传递的。

如果你指望下属呼叫你，根据我们的经验，你们一起开会的时间将会更少，下属经常很忙。我们发现，期望下属呼叫，而最终却没等到电话的管理者都以为下属有事，于是他们就把时间用来做别的事情了。然而，当管理者不主动打电话给下属时，下属会以为自己被管理者忽略了，因为管理者去做别的更重要的事情了。不管你信不信，你比下属更能把控日程安排，所以由你来打电话会更容易些。

如果你确信一对一沟通对于建立关系有价值的话，那你就会找时间给下属打电话，就像你将要去参加会议一样，不要让下属来找你。

更多的资料分享是有必要的

这是我们从那些工作地点与上司不同的下属身上得出的最重要的结论，其目的有二：第一与行为相关，第二与会议效率相关。

当你要远程管理自己的下属时，你不可能掌握更充分的信息。你没太多机会去观察他们的面部表情或者肢体语言，你可以评估的最重要的东西就是他们的工作产出。在这种情况下，工作产出通常是什么形式呢？答案就是资料。

远程管理要求你在根据下属的工作产出实施管理时，要变得更有效率。高效的管理者在进行电话一对一沟通之前，会要求下属提供更多的资料，这样他们就可以更好地评估下属工作产出的质量和数量，而且也有足够的时间对下属的工作做出反馈。

鼓励提前进行资料沟通的另一个理由就是效率。我们发现，提前索要关键性资料，能够促进一对一沟通的进度。因为时间有限，效率可以直接提高沟通效果。在之前的一对一沟通中，我曾经花很多宝贵的时间去寻找、等待或讨论，却因为缺少特定的相关资料，使这一切都变得徒劳了。

在理想情况下，相比于提前索要资料，你应该为下属的工作产出准备一些电子存储解决方案。一般情况下，高效管理者是不会允许下属在自己接触不到的地方存储大量的工作产出资料的。

这么想吧：我是你的下属，我们工作时间是同步的，我在你的办公室里参加一对一沟通。我就幻灯片演示向你提问，但我没带演示的幻灯片。你是否会让我回自己的座位去拿，然后马上改动？你当然会的。

所以，如果我是你远程管理的一位下属，为何距离就会让我们无法做资料检查呢？你是否会让我说："我无法展示给你看，它在我的电脑上，我没带电脑。"你当然不会了。

所以，你要清楚地知道下属的工作产出资料存储在哪里，并能在进行一对一沟通时轻松获取。

不聚焦就会被频繁打断

我们历经千辛万苦才真正了解到这点。人们会错误地认为，电话一对一沟通在某种程度上比面对面会谈的重要性低。相对于面对面会谈，电话沟通更会被频繁打断。

这意味着你要聚焦。对此，我们有以下三条建议。

1. **转过身去**。太多的管理者在与下属打电话时，会望着下属座位的方向。不要这么做。转过身去，关上门，不要到处看。

2. **忽略干扰**。没有人会“被别人”干扰。每次干扰都是由被干扰的人自己停下手头的事情而导致的。当有人靠近你时，转过身去。如果有人对你说话，微笑一下，然后指着电话。如果他还站在那里等着你结束电话时，转过身去。如果他碰你的肩膀，可以举手示意一下，但不要转过来。

3. **聚焦**。停止看电子邮件，停止看你桌子上的东西。闭起眼睛，想象下属在说话。关闭浏览器，放下别的事项。这只会占用你每周的30分钟时间，这段时间是留给你下属的。

管理者可以与下属成为朋友吗

你无法与下属成为朋友

我对此深表遗憾。如果你感到沮丧，请跟随我们做一下推演，你就可以得出与我们一样的结论。

有时候你会认为自己是上级，有时候你也许又会认为自己是下属的朋友。但是，这种角色转换是不切实际的。而且，即使我们某些时候能够抛开友谊不谈，友情的存在（假设其道德义务一直存在）也会大大降低个人领导和管理别人的能力。

我稍后会重点谈谈团队之间的友谊，但是请你想一想：如果你的上司（组织的代言人）认为你与下属之间存在友谊的话，那他一定会质疑你的决定和专业性。更高级别的上司可能会进一步说："我甚至不需要考虑某种特殊的情况以徒增我的担心。事实上，你没有看到潜在的利益冲突，就算不问你与谁结交，我也会质疑你的分析能力和预见性。"

让我们来做些思想实验。

1. 你的一位下属朋友让你做他即将出生的孩子的教父。如果你不是他的上级，你会接受这份荣耀（义务）的。因为你们是朋友，你会答应的。当公司的每个人都知道这件事后，他们大多数人也都很高兴。但一个月后，公司要讨论裁员，公司想让你从团队里挑出几个人。鉴于他的家庭状况，以及你与他之间特殊的甚至有些宗教意义的私人关系，你会考虑他吗？或者你绝不会解雇他，那你会提前让他知道他的职业风险吗？此外，当你让你未来教子的父亲免于失业时，其他管理者会怎么看待你的哪怕是"完全公正的"决定呢？

2. 你的上级让你推荐几个人，组成一个曝光率高并且升职可能性大的工作小组。他说想要你的某位下属，并且他知道该下属是你的朋友，你推荐他的可能性很大。然而，你知道你的朋友考虑在90天内离开公司（他曾经私下告诉过你），这将会极大打击工作小组和你对自己团队未来职业规划的理解。你会把朋友让你保密的事情告诉你的上司吗？你会不告诉上司，而让他挑选了那位要离职的下属，以守住你们之间的秘密但却伤害企业的利益吗？你会隐瞒朋友的计划而撒谎说有更好的人选吗？如果之后你被问到是不是你允许你的下属（朋友）加入工作小组的，你会承认你之前就知道他要离开公司的计划，从而损害你已离职的朋友的名誉，尽管他是你所在行业的专业人士吗？

3. 你朋友刚悄悄地告诉你，说他找了一份新工作，但他会等一个月再过去。你知道他在找工作，你也在试着保持中立，因为你在忙着公司裁员的事情。不幸的是，消息泄露了，你的朋友告诉你说："嘿，我会拿到辞退补偿金的，几年前被辞掉的人都拿到了六个月的补偿，把我也算上吧。"你知道如果他不想走的话，你也许不会算上他的，那你还会这么做吗？如果他最后没能拿到补偿金，那你怎么跟他说？不管你有没有算上他，你会对他隐瞒实情吗？

4. 设想一个简单的情景：你的下属（朋友）正在找别的工作，因为你所在的行业发展很慢。他想要升职，但在你的公司里不大可能。不管你的老板有没有问起，你会负责任地告诉老板，你知道他在找工作吗？然而，如果你们不是朋友的关系，你就不会知道这个消息了。

5. 你的下属（朋友）告诉你，他在银行工作的妻子无意中透露，有竞争者将在数日内尝试收购你们的母公司。他告诉你说："你不能告诉我妻子说是我说的——任何人也不能告诉。否则，他就会知道是我说出去的，他也会被辞退的！"既然你知道了这个消息，你会告诉老板吗？如果你保持沉默，而后来你朋友无意中告诉了老板他跟你说过的事，那是什么感受？你的老板会怎么做？

6. 下面是我最喜欢的"作为朋友的下属"的情景。你的下属（朋友）想要跟你说个秘密。说实话，你不想接受，但你还是接受了。他说："我偷了公司一万美元，我们该怎么办？"

友谊意味着对别人负有社会道义。我们会有多少次、会有多少人有时候完全同意别人关于某个问题的观点（通常是对别人行为的看法），之后为了与朋友保持一致而在同一问题上否定自己？也许我们不会直接否定自己，甚至不会特意"相信"我们所赞同的任何一方。但是，我们显然要维护"友谊"所蕴含的道义，因为友谊的缘故，我们对双方都赞同。我们也会为此争论，我们不同意任何一方，但只是为了维持平衡。

友谊使我们大多数人都能默契地对朋友之间的沟通保密。友谊的特点之一是一种事实上无需言语的理解，这种关系使我们能分享一些相互拥有或者其他人的秘密。这种“友谊私密性”可以随时被提起的，更重要的是，它是可以被追溯的：“嘿，顺便提下，我说过的事情你不会跟别人说的，是吧？”

事实上，“友谊私密性”与友谊本身是如此不可分割，以至于如果它被撤回了，这种撤回的行为——且不说问题的性质，而仅仅是撤回——就会损害友谊。当朋友把你认为的私密事情分享出去之后，他说：“喂，不好意思，你所提的那件事情——我无法保密。”这种行为不会被视为观点的不同，或者是对朋友话语的误解。你肯定会以一种不信任的眼光死死盯着你的“朋友”的。

因为这两种观点——社会道义和保密默契——友谊会与管理者的职业义务产生冲突。如果管理者常常接受友情所隐含的不同的道德责任的话，那他就没法指望被当成专业人士。如果你是一位管理者，你应该清楚这一点。这并不是在开玩笑，但是我们也不能忽视不同责任之间所产生的摩擦。

你的下属不会（首先）把你当成朋友

到现在为止，我们已经解释过，为何管理者在伦理道德上无法与下属成为朋友。另外，还必须要强调的是下属的立场。

让我们先看看关于管理的令人震惊的事实：你的下属不会把你看成好人。为什么？因为首先他把你看作上司。我们并不是说你不好，你当然是好的。

你的下属会首先把你看作他们的上司。我们发现，对于不这么看待你的人，管理起来会很难。如果某位上个月刚和你成为朋友的下属过来跟你说：“我不相信你会给我安排这么难做的事情，我认为我们是朋友。”那你会是什么感受？我们猜想，你会感觉被背叛了。我们之前听说过：管理者们说，如果下属是一位真正的朋友的话，那他就不会挑战管理者的权威，而是会理解管理者的责任。

让我们将此想法延伸一下。不仅你的下属首先要把你看作上司，别人也会首先把你看成你下属的上司，而不是朋友。当你的行为无法被简单理解为正常管理者行为时，公司里的其他人就会怀疑，为什么你的行为没有效果或不合理。他们会猜想，不管之前有过什么关系，你的决定都应该基于管理要素来考虑，而不是友情。如果他们发现不是这样的，那他们就不会再认真对待你了。

你可以友好地对待你的下属

这是许多管理者都希望抓住的巨大漏洞。你无法与下属成为朋友，但你可以友好地对待他们。你可能认为这两者是一回事，但它们确实有明显的差异。区别在于我们已经讨论过的事情。友好对待下属只是一系列行为，比如微笑，询问他们非工作时间的情况及家人状况，礼貌对待，从闲聊开始谈话，分享你的生活，邀请他们一起吃饭，接受他们的午餐邀请，等等，所有这些都是友好行为。这样，他们就会被那些努力与别人搞好关系的人所赞赏、尊重和羡慕。

现在，你也许会说："等等，这些都是朋友之间会做的事情。"你是对的。但是，成为朋友，与只是做出友好行为是截然不同的，朋友还要接受友情所隐含的道义责任，而做出友好行为却不用这样。我们在前面强调过这种朋友间的道义责任，它不是友好行为，这种责任就是管理者与下属成为朋友的问题所在。友好，可以；做朋友，不行。

你不能因友情而偏袒

当我们被问及与下属成为朋友的问题时，我们经常听到关于偏袒的言外之意。"我最好的朋友过去是我的同事，现在是我的下属。""我们几个人喜欢去同一家酒吧——就我 10 位下属中的两三个人。"

当我们听到这些问题和评论时，我们当然也理解你想继续享受升职之前的美好生活的动机。我们甚至猜想，当管理者问我们关于友谊之事时，他们很少问的是和团队每个人之间的同样紧密的友谊。他们所考虑的是那些已成为他们朋友的下属。

让我们对“管理者-下属”的关系做些简单的测试。

◎ 你无法与“任何”下属成为朋友；

◎ 你“可以”以友好的方式对待所有下属；

◎ 如果你要以友好的方式对待某些下属（即使他们不是朋友），那你就必须以同样的方式对待其他下属。

不同程度的友谊的最大问题（从真实的朋友到友好行为，再到没有任何特殊关系）是感知效应。即使你与下属不是真的朋友，如果你以友好的方式对他却对别人没有这样，这也会被看作一种友情的形式，也会引起关注。别人会怀疑你的动机和决定，你的公信度就会受到影响。

换句话说，你不能用“友好行为”的差异来尝试隐藏与某位下属的友谊，或者差别对待你的团队成员。这是不道德的，也是没有效果的。

你可以与下属一起喝酒

你可能会对可以与下属一起喝酒感到疑惑。其实很简单。我可以帮你消除疑虑，让你知道，和下属喝酒并非不可，这并不是朋友间的专利，而是一种友好的行为。我们也想过，基于我们所知道的问题，喝酒确实是发生在朋友之间的事情。然而，我们要保证减少与所有下属喝酒的次数，或想到所有可能合理的例外情况。

如果饮酒只是一种友好行为，那么没问题，你可以跟下属去喝。但是，你要记住：你不能表现出偏袒之心。如果你经常与团队里的某个小团体喝酒，那你要么是在承认你们是朋友，要么是想宣称这只是友好行为。那样的话，小团体就会把这当成不经常发生的友好行为了，从而也就形成了偏袒。

所以，你可以与下属喝酒，只要你在这方面平等对待团队的每个人。每次你与下属喝酒的时候，不用每个人都在场。你可以某晚与一些人喝酒，另一晚与另一些人去开派对。只要不表示出偏袒，和下属喝酒是没问题的。

与下属喝酒时，不能言行失当

仅仅与下属喝酒是没有问题的，问题在于喝酒时所说的蠢话或所做的蠢事。如果我们建议你不要与下属喝酒，我们会告诉你，在一天行将结束的时候，在告别晚宴和仪式上都不要喝酒。其实这些都是可以破例的情况，而我们没有抓住真正的问题所在。

我们知道，你有机会与下属喝酒。并不是所有的晚餐都是会谈的形式。因为你是上司，所以喝酒时你要保持理性。对我们大多数人来说，喝上两杯，我们就到了或超过了酒驾的法定界限了（在有些场合不超过一杯）。如果你与下属喝酒时喝多了，即使你不用开车送他们，下属也可以很好地“与你相处”，但他们也可能喝得太多了。他们会请求搭你的车回家吗？如果他们要求晚点来上班，或者早点下班去上酒驾课程（因为酒驾被抓），那你会怎么做？你是否会觉得公司里的每个人都会知道，他们在参加派对之后还酒驾了，而你当时也在场，也做了出格之事，却不会受此困扰？

关于与下属喝酒，还要注意的问题是：只与他们喝一杯。他们会对你不与他们产生距离感的行为感到感激。当你拒绝第二杯时，他们会更感激你树立了一个榜样，认为你自己不完全和他们一样。

你可以在 Facebook 中添加下属为好友，但不是必须这么做

Facebook 允许通过“添加好友”的方式，邀请别人进入你的私人关系圈，因此，

关于友谊的整个讨论已变得愈加复杂。

在 Facebook 上“添加好友”与和他们交朋友不是一回事。在 Facebook 上的朋友列表也无法引起人们对于友情道义的想象。

那么，你是否必须在 Facebook 上与下属“加好友”呢？不是。你们有人也许会觉得，如果你的上司问起，你要说是的。其实不必，但我们知道，许多不够自信的上级会觉得，如果在他们自身角色权力下的要求被拒绝的话，是不可接受的（看到了吗？这简直是胡说八道！）。

大多数管理者知道，他们和下属不一定要在 Facebook 上面互加好友。如果你的公司的每个人都这么做，那这个世界将是无法想象的。

一些友谊的重要性会让位于工作职责，我知道这么说会让人难过。我们感受到了那种无奈，我们也一次次地发现，最好的朋友之间会完全尊重和理解这一点，友谊关系也会变得更加弥足珍贵，即使是发生了一些变化。高效管理者想要了解他们的下属，却要做出艰难的抉择，处处要以公司为先。所以，尽力做个专业人士，对下属表现出自己的友好，但不要成为朋友。

项目经理可以实施一对一沟通吗

作为项目经理，你可以在一个矩阵型或矩阵混合型组织里实施一对一沟通。你不必使用直线职权，或直接控制向你汇报的下属而推动工作。这种形式的一对一沟通也能够起到很好的作用。

理由之一是矩阵型组织会减少沟通，而一对一沟通则能直接提升沟通效率。虽然我们认为一对一沟通基本上完全是为管理者和团队成员之间的关系而设的，但项目经理与其团队成员之间的关系也很重要和普遍，完全适用这种沟通形式。

问题的关键是到底应该采用 15-15 还是 10-10-10 沟通模式

这并不是纯粹的一对一沟通，因为纯粹的一对一沟通只发生在管理者及其下属之间。被派到你所在项目中的合作者，不是你真正的下属，所以你们的一对一沟通与通常的理想状态是不一样的。

这其中最大的不同点是，与其预留（可能的）10 分钟谈谈未来，不如把这 10 分钟分给双方，给双方各 15 分钟来谈话。

为什么？因为这些人不是你的下属，所以，你没必要（即便有也不必）跟他们谈未来。这并不是说没有未来，也不是说你没有什么建议或见解。这些都是他们的管理者的事情。

坦白来说，你可以为他们的未来所做的最好的事情是，帮助他们在项目上取得成功。怎么做呢？关注霍斯特曼的项目管理法则："是谁"在"何时"做了"什么"。你能使项目成员表现最高效的方法是，让他们保持正常的节奏，在截止期限前交付项目成果。

所以，每个"项目经理一对一沟通（Project Manager One On One，PMO3）"的时间安排是项目成员和项目管理者每人 15 分钟。项目成员可以从任何想说的东西开始谈，有 15 分钟讨论自己的想法。15 分钟后，你也可以就自己的需要谈上 15 分钟。

如果项目成员想要闲聊周末的事情，而项目成果却依然悬而未决，那你该怎么办？那也没事，那是属于他的 15 分钟。如果确实发生了，你就用属于你的 15 分钟去问问他的项目进展情况。

对于大多数了解这个概念的项目经理而言，这些 PMO3 就变成了小型的项目进度讨论会了。团队成员告诉我们他们的工作进展、面临的问题、需要寻求的帮助，然后我们会问及项目的现状，以及他们打算如何按时提交符合标准的项目成果。

你也许会认为，这本是每周一次或两周一次的项目评审应该做的，你可能是对的。但我们经历过数百次项目评审会议，相比推卸责任和自我辩护的次数，他们很少在专业性上表现得那么坦率。你无法给予他们反馈。很多时候每个人都知道正在发生着什么，但没人想把它说出来。而在 PMO3 里，这不是问题。

PMO3 还能帮你做详细的每周项目日程安排和项目可交付成果的提交计划。用你的 15 分钟时间，以任何形式去了解你的项目成员所负责的事情的进度详情，这都没有问题。你可以问："X 的情况怎么样？""Y 的情况怎么样？"有许多在常规情况下与下属的 O3 沟通中感觉正常的事情，在 PMO3 中发生的可能性就大大降低了。家庭和职业是两个最不大可能出现的普遍话题。

遵循基本原则

除了遵循 15-15 分钟的原则以外，PMO3 与标准的 O3 形式几乎是一样的。不要只关注团队成员"不是下属"这一方面，这会让所有的事情都悬而不决。徒增不确定的事件是没有意义的。

关注团队成员

这是任何一对一沟通的核心。由于角色权力的不同（甚至在项目中也是如此），项目经理要想和团队成员进行很好地沟通，就要与他们频繁见面，并要首先满足项目成员的事项安排。如果你说"项目优先"，那就会破坏你们的关系，在某种程度上也对项目不利。如果你说"这是我们的任务"，或者"截止期限要到了"，那就破坏了你们在多次主题沟通中所建立的关系，尽管这些沟通的主题对团队成员很有价值。

即使它更像是项目进展沟通，也要把时间留给团队成员，首先满足他们的事项安排在 PMO3 中也具有核心价值。

定期开展，每周一次

把时间留给项目成员和把时间留给下属具有同等重要的价值。在某些方面，这尤为重要，因为作为项目经理，你与他们的联结更薄弱，所以固定的时间安排能够传递更强的暗示，即承诺努力加强沟通并建立关系。一般来说，能从 PMO3 中获益的最短的项目时间是三周。大多数人可能认为时间太短了，我们应该选择时间更长的项目。我们刚开始介绍这些时，我们建议的时间是六周。但有如此多的项目经理从 PMO3 中获益了，这使得他们不断降低自己的极限，却仍能感受到其价值。而且他们普遍觉得三周时间的项目已经足够短，如果没有 PMO3，也可以管理所有的事情。但实际上，三周的时间足够长了，已经使我们无法记住所有的事情，或确保在截止期限内完成项目交付。那些实施过 PMO3 的项目经理们告诉我们，当他们要做的项目太多，而又需要限制会议次数时，他们会提高项目的时间底线。

30 分钟时间

一小时太长，参与者会产生畏惧心理，PMO3 也会失去价值。少于 30 分钟又来不及做什么有价值的事情。在我们的经验里，30 分钟是一个有魔力的时长，很适合做 PMO3。

在你的小隔间里或用电话沟通都可以

是的，你可以经常在你的小隔间里进行 PMO3。有些小隔间太小了，但这只是特殊情况，而不是通例。电话里进行的 PMO3 也是可以的，我们一般建议，项目经理要主动打电话给项目成员——发消息也可以。

如果（重点是如果）你觉得可以把这种沟通会放在项目启动会里，并在启动会上介绍你的 PMO3 计划，那就和你的成员一起沟通一下这个想法。

话虽这么说，但我们也都知道项目启动是怎么回事。那些不用交付项目成果的资深员工会参与一些沟通。项目启动会通常更多的是关于政治和形象控制的，而非项目运营中的关注点。它主要涉及谁主办启动会（赞助者或项目经理）、日程安排能否简略等方面的问题。所以，启动会可能不是介绍你的 PMO3 计划的合适时机。你当然可以另外召开一次只有团队成员参加的会议。但是，那更可能是忙碌和组织文化的象征。

推行标准 O3 和 PMO3 的关键差异在于，你不用花三周的时间去等每一个人。早期的项目成功（赶上项目期限，符合项目标准）是评判项目全面性成功的重要标准。是的，人们都很忙，但是，你要和项目成员一起去进行那些早期会议。你可以调整自己的日程表去适应成员的安排，然后看看未来三周内什么时候可以开个站会。

只在项目周期内开展 PMO3

当项目结束时，PMO3 也要随之结束。要抵制任何成员想继续开展的尝试，因为目标已经不存在了，它们的价值也就降低了。如果成员希望得到你的指导，那就是为了不同的会谈目的和周期事项了。

你可能会遇到更多的托词

因为你不是这些成员的管理者，你没法使用角色权力让他们参与进来。此外，他们的管理者也可以驳回你的请求。

遇到项目成员的托词很正常，但根据我们的经验，这种情况发生的概率只有 1/3。

我建议你先召集会议，这样一来就可以告诉你的项目成员：

1. 这就是我管理项目的方式；
2. 它有助于我们的沟通；

3. 它每周只会占用你 30 分钟时间；

4. 无论如何，它会保证你跟我有定期沟通的时间。

导致项目流产的祸根通常是缺少沟通，而 PMO3 会从项目伊始就极大降低这种情况出现的可能性。

06

一对一沟通中的有效技巧

如果你已决定开始实行 MTO3，我会为你感到兴奋，MTO3 会成为你的管理行为模式的核心。

让我们逐步看一下，究竟该怎样启动你的一对一沟通。

制定与每一位下属的沟通时间表

在发邮件告知你的下属你将启动一对一沟通之前，你需要从你的日程中选定时间，然后让下属们从中选出一个固定的时间来。计算一下你的下属人数，然后乘以 1.5，那就是你在邮件中要供下属选择的时间范围。如果你有 10 位下属，你就需要 15 个半小时的时间空当，也就是 7.5 个小时。

看看你的日程表，挑出从现在起三四周之后的时间段。不要看本周或下周——当下你可能非常忙。避开员工会议或者与上司的日常会议前后的时间段。不要选择周一早上，因为会议会让人反应变慢，而你肯定不想在一周刚开始时就拖慢员工的工作节奏。也不要选择周五下午，因为如果你们的 O3 被打断，就没时间重新安排了。有些管理者宁愿把所有的一对一沟通都放在同一天（如果他们没多少空闲的话），有些人却喜欢分散开来。我们的数据也显示不出哪种方式更好，所以选择对你有用的就行。

不要让下属去选择他们想要的任意时间。我们测试过，这会对你的日程安排造成严重的影响。你的每个下属每周只需花半小时进行一对一沟通，而你所花的时间——如果是 10 位下属的话，那就是他们的 10 倍。所以，你的日程安排更需要维护好。

不要未经提前沟通就选择你想要的时间。我们测试过，下属不喜欢你为他们所选的时间，即使他们的日程表就像得克萨斯平原一样空旷也不行。

不要摆出你和每个下属的日程，并试着找出什么时间最适合你们。我们也做过相应测试——这也没什么作用。

我们说如果你有 10 位下属，你需要留出 15 个“半小时的时间空当”，这样一来，选择最后沟通的下属就还有选择的余地。不要担心，未被使用的那五个时间段会还给你。

你可以在我们的网站上找到一篇用于发送电子邮件的推荐文档。它表明你将在三到四周内开始实行一对一沟通。它会向你解释为什么这么做，告诉你发送邮件就是为了启动这一过程。给你的下属们 48 小时，让他们去选择意向时间段。告诉他们如果选定了，要“回复所有人”，这样别人就能知道哪些时间段已经被选走了（相信我，一旦第一个时间段被选了，其他下属就会快速响应的）。

事实上，所有伟大的规划者都会践行艾森豪威尔将军（General Eisenhower）的理念：一成不变的计划不是好计划（Planning is everything; plans are nothing）。事情总是在变化的。你的上司会为他的员工会议改时间，你会被招进新项目的工作组，有的员工的孩子打算组建代表全州的乐队，员工要随之来回奔走。所以，你要先设定好日程安排，几周后，再看看日程安排是否对你和下属都合适，并决定是否进行调整。

审视一对一沟通的目标、基本准则和日程安排

一旦你发出邮件，确定好了日程安排，那应在下次的员工会议期间留出一些时间来（比如 30 分钟），跟每个人都沟通一下你们有什么收获。跟他们就目标、日程安排、你会怎样做记录，以及他们在不确定的情况下如何继续等问题进行讨论。如果你不确定接下来会是什么样的，请到我们的网站上看看，我们都准备好了答案。

耐心回答下属的提问

站在下属的面前，并回答他们的提问。不要害怕说："我不知道，但随着工作的进展，我们会搞清楚的。我们没办法通过更多的计划来消除所有的小问题，不过，随着时间的推移，我们会做得更好的。我们可以学习。"

一对一沟通坚持多长时间为宜

这可能是我们推出的指导原则中最重要的概念了：你无法一次性有效地实施完整的"三位一体管理"，一次是不够的，你的下属也无法全部吸收。他们不喜欢所有的改变，当变化太多时，沟通就会出现不畅。

在这 12 周里面，不要引入任何新的管理行为的改变。只管去实施一对一沟通，为期 12 周。在 12 周快要结束的时候，你就会更加了解你的下属，你也会更加明白，如何去开展下一步行动。

不要急于给予反馈，更不要急着给出负面反馈

如果在使用我们的模式进行短短几周的一对一沟通后，你就开始给予反馈，你

很快就会明白，这没什么作用。如果你不花时间去建立信任，你的下属要从你这里获取更多的反馈，就会经过更多更长久的挣扎。

你的下属很可能之前为一个很糟的管理者工作，那个糟糕的管理者可能喜欢隐藏自己真实意图。之后，你的下属就学聪明了，会等着最终结果出来才做决定。你以为你在掌控一对一沟通，于是就快速给予了负面反馈，千万不要这么做。你的负面反馈考虑不周，就会破坏你们在 PMO3 时所建立的信任。

在接下来的三章，我们会提到反馈的原因和方法，以及怎样开始反馈。

07

用反馈提升业绩和人员保留率

第二种可提升业绩和人员保留率的关键管理者行为是进行绩效沟通。

公平地说，你也许尝试过跟下属谈他们的表现如何，但是很难，不是吗？尤其是在你必须指出错误的时候。你试着告诉他们发生了什么，但也许他们会感到不安，或者是你没有采用合适的沟通方式，以致会谈变得很尴尬。它使你们的关系在几周内都蒙上了阴影，对员工的表现也不利。

不要灰心。你做错了，我也做错过，在我们的职业生涯中，大多数管理者都做错过。本质上，反馈不难做出，也不难获得。当信任关系建立时，给予和得到反馈就更容易了。而当你做错时，对下属来说，就真的错了。但是，做对也没想象的那么难。

也许“你做错了”这几个字说出来感觉会不好，但也请你不要在意。我也错了很多年，甚至现在有时候还会犯错。我的大多数客户、同事和朋友，他们作为高效管理者也做错了很多年，直到他们学会一种更好的方式为止。是的，与下属沟通其绩效表现只是你工作的一部分，你也不可能以一种很高的标准来做，在你没做太多或没做太好的时候也可以原谅。为什么？因为也没人教过你该怎么做。

实际上，我敢打赌，你之所以读这本书是因为在你晋升到现在的职位的时候，你几乎没有受过与管理者相关的培训，你也许想要挑战这个职位。基于你想要从老板那里获得的东西，你也许会认为，如果你是老板的话，你将能够给予下属指导和支持。但也许实际上并不是这样。

正常的情况也许是这一样，当你观察别的管理者时，你觉得他们好像已经受过培训了，但事实上你也许错了。大部分情况是，他们和你一样未曾受过训练。尽管他们看起来对自己的管理能力满怀信心，但事实并非如此。他们和你一样，也希望自己在技能和知识上的缺陷不会被人发现。

一般的管理者都没有受过培训或指导，也没有人教练过他们成为成功的管理者所必备的职业发展技能。

技能和培训的缺失往往最先表现为缺乏绩效沟通的能力。你知道自己应该去沟通，你也尝试过，但是过程却并不顺利，是不是?

我敢说在你刚成为管理者时，肯定发生过以下事情。你注意到，你的某位下属在某些事情上表现不佳，你决定跟他谈谈。你考虑了一下，想到了一些要对下属说的话。你知道这是你的工作范畴，你也知道自己并未真正了解自己在做什么，但你还是期盼下属知道自己犯错了后，会希望你说些什么。同时，你与下属关系良好，所以你认为会谈会很顺利。

俗话说“当众表扬，私下里批评”，于是，你把下属叫到了自己的办公室。你简单聊了 30~60 秒，你认为这是正式谈话前的铺垫。这对你很有意义，因为你想让你们之间的谈话显得正式些。

大多数情况下，你会说些自己已想好要说的话。但你所说的不完全是对的，因为你想的都是零星的关键点。你想多说一些，想“缓解一下打击力度”，所有这些在你的计划中都很清晰，你想的也是这样。

但是过程还是很糟糕，是不是？下属会反驳你，甚至会打断你。他告诉你为何他会做那些事情（听起来完全合理）。他看起来很沮丧，一直等到你无话可说了，他就问："结束了吗？"然后，他就走开了。

所以，也许下次你决定做反馈的时候要间接一点。你的某位下属几次开会都迟到了，但他毫不在意。于是，你不想再给他机会反驳或找借口。坦白地说，部分原因也是由于你忽略他所致，让他按时到来并不是多大的难事。

如果下属下次还是迟到，等到会议即将结束，在最后总结的时候说："大家注意一下，我希望你们都能按时参会，好吧，就说这些。"你无须表现出对抗情绪或者直指某个人，你只要简单强调一下你所期望的行为标准就可以了。

但这种反馈还是不起作用。你间接所指的那位下属还是没有改变自己的行为，而每次都按时参会的那个最佳员工却有些生气。也许这也无可厚非，因为他每次都是按时到的。

所有这些错误都很正常，在全世界的组织里每天都会出现，你们并不是唯一做错的人。

在我们学习"管理者工具之反馈模式（Manager Tools Feedback Model，MTFM）"的细节之前，让我们首先改变你对于反馈目的的理解。如果你很清楚这个目的，那走上正确的道路就会变得更简单了，或者当你偏离轨道的时候更容易重回正途。细想一下关于反馈的基本方式的简单说明，如图 7-1 所示。

假设你处于图中"现在"这个阶段——工作日的中午，时间从左至右移动，图的左侧表示早上发生的事情，右侧则表示未来（即下午及以后的事情）。

早上，你的某位下属做出了某种行为，或好或坏。圆圈内的加号表示下属正确行为，减号则表示错误行为。

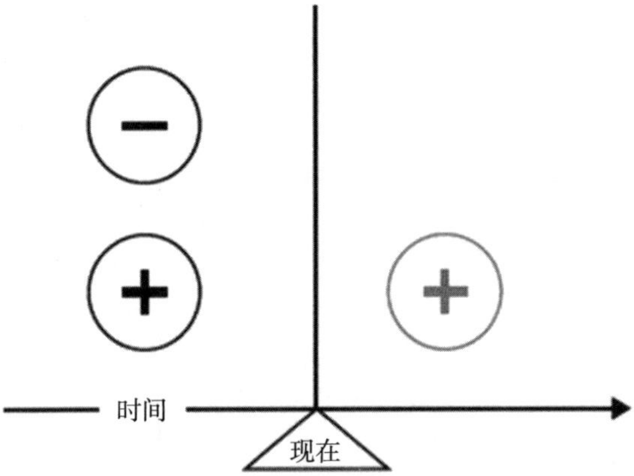

图 7-1　反馈的基本形式

中午，你意识到了他的错误，因为你读到了他的汇报，收到他的电子邮件，看他做了演示，或者某位同事向你分享了有关他的信息。现在，你决定做些什么，当然，通常的反应是什么也不做。

下属也许知道自己把事情弄砸了，他会自己纠错。如果是好事，那么没必要说什么，因为他只是在做自己的工作而已。当员工是在做自己本职工作时，你不能去表扬，不然他们就会沉迷于此。

然而，如果员工想从上司那里得到更多关于他所做事情的评价，那你无论如何也要说点什么。很好！你想道："那么，关于他所做的事情，我该说点什么呢？"而这却是错误的源头。

一般的管理者在做出反馈时，关注点是发生的事情。管理者思考过去的事情，然后问自己该怎么跟下属去说——对于过去的事情，管理者是无能为力的。

谈论过去发生的事情会有问题，原因应该是显而易见的。它也向你提示了当管理者谈论下属的错误时，为何他们会自我辩护。他们辩护是因为管理者谈到了他们过去犯过的错误，下属们对此已无能为力。所以，他们感到很困惑。

你有没有注意到，你的下属经常会对你的纠正意见做出回应，解释为什么他们会这么做？你可以通过问自己以下两个问题来解决这点。

1. 我上个月犯过错吗？如果你和我们其他人一样，你私下会承认的："是的，老实说，我是犯过一些错误。"

2. 我想犯这些错误吗？我是故意把事情弄糟的吗？如果你和我们其他人一样，你会立刻说，也许是很激动地说："不，我当然没有。"

请记住，我们的下属和我们一样，他们可能会犯错误，但他们不是主动想把事情弄糟的。他们有充分的理由去解释自己的错误！所以，他们当然会给出自己做事的理由，以此回应关于他们的错误的讨论。错误可能并不好，但至少其理由是能够接受的。

下属们自我保护的理由各种各样。也许，首要理由就是对你（也就是他们的上司）缺乏信任。解决这个问题的方法，我们已经在前面中讨论过了：通过"一对一管理者工具"的方式，和他们进行频繁的、高质量的沟通。

缺乏频繁的绩效沟通也会增加他们的辩解能力。如果绩效沟通很少，那么每一次沟通都将具有更重要的意义。如果你不经常指出下属的错误，他们就会认为，当你选择和他们交谈时，他们可能"有麻烦了"。那么，他们进行辩解也就不足为奇了。

同时，让我们面对这一点：我们的角色权力提高了他们辩解的可能性。还记得吗？我们控制着他们衣食住行，质疑在某种程度上害怕你的人，你就会遇到阻力。

将这些问题最小化到可控程度的方式是问自己："我做这些绩效沟通的目的是什

么？”绩效沟通（以及反馈）的目的是**鼓励有效的未来行为**。

鼓励有效的未来行为

这句话的每个字都很重要，但也许最重要的是“未来”这个词。如果你和下属谈到指出他们错误（甚至他们的成功）的目的，那你就注定会谈到过去，谈到你或者他们无能为力的事情。然而，当你转向未来的关注点时，你就会把注意力集中在你（以及他们）可以做的事情上。

再看一看图 7-1。你会注意到，在过去（早上）这部分有两个圆圈：里面一个是加号，一个是减号。在未来，只有一个圆，里面是加号。你明白这是为什么吗？有加号的圆圈表示你未来想要的，即有效的行为。

不要去想：“我该怎么跟这个人提及他所犯的错误呢？”或者“我该怎样表扬他的英明决定呢？”正确的方法是，专注于你想要的（未来），而不是过去，因为他或你对过去都已无能为力了。

不管你的下属在早上的行为是有效还是无效，关于任意一种情况的任何绩效沟通的真正目的都是一样的：你想要更有效的未来行为。如果你的下属犯了错，你想要他们拥有正确的行为。如果你的下属做得好，你想要他们发扬光大。

当你认识到这一点时，你就会意识到，在谈论绩效时，你不应关注于错误本身。当然了，你想知道错误是什么，但是你什么都做不了，因为它已经发生了。唯一的问题是，你能不能鼓励下属不要再犯错了？

专注于你想要的，不要担心你到底该做何评论，或者该如何表扬别人。

鼓励有效的未来行为的最好方法是实施 MTFM。它很可能与你曾经使用过的工具不一样，因为你关于反馈的基本前提（谈论发生过的事情）是错误的。

MTFM 有以下四个简要步骤：

◎ 步骤 1：提问；
◎ 步骤 2：陈述行为；
◎ 步骤 3：陈述行为的影响；
◎ 步骤 4：鼓励有效的未来行为。

步骤 1：提问

MTFM 的第一步很简单：询问下属你是否可以给予他们一些反馈。你可以使用“反馈”或其他词，但你必须每次都要首先问下属，不管你要给予的是积极的反馈还是消极的反馈。问题可以是这样的：

◎“我可以给你一些反馈吗？”
◎“我可以给你做一个观察评论吗？”
◎“我可以分享给你一些东西吗？”
◎“我可以跟你讨论一下吗？”

你应该征得下属的许可，因为唯一能参与这种行为的人，是能与你谈话的团队成员。当然，你不能强迫他们做任何事情，他们必须自己想做才行。

如果你的团队成员刚与同事进行了一场艰难的交流后才走进办公楼，或者他才刚结束一个令人头痛的会议，或者他要在最后期限前完成电子表格，那么此时与他们谈论未来行为是没有意义的。下属需要倾听和听懂你所说的话，你要确保你的下属至少能理解你想让他参与的未来行为是什么。

提问（如果被拒绝的话，也要尊重这种说“不”的回应）使你能够确保下属在听。为了说清楚这一点，在我们的团队使用 MTFM 之前，我们应该先简要介绍了一下它（我们将在第 8 章解释如何做到这一点）。他们会理解的，因为我们告诉他们，当我们提问时，他们可以说不。

有个重要的管理原则是，如果你不能尊重下属的回答，那就干脆不要向他们提问。如果你要求给予他们反馈，而被拒绝了，之后你仍旧继续，那就证明你根本不关心他们的回答。这会让他们认为自己不需要给你一个诚实的答案。这样一来，未来他们只会简单地告诉你他们认为你想听的答案。

相应地，下属可能会一直说不，以拒绝得到反馈。话虽如此，但这种情况也是非常少见的（参见“场景预设”栏目）。

我们发现，在大多数情况下（根据管理者的自我报告），下属会拒绝回答问题，但他们会在几小时内去找他们的上司，以了解会得到什么样的反馈。很多下属都告诉我，好奇心促使他们变得更好。相比让他们来问，有什么方法能让你更好地给予他们反馈呢?

如果你和很多管理者一样，感觉提问会让你产生烦恼。你想着：“等等，我是上级，我为什么要提问呢？”有许多理由证明你应该先问，但其中最重要的是：请求下属许可你来给予他们反馈，这样才能明显地提高他们对你的反馈的重视，并保证他们的未来行为的有效性。

归根结底，你是想成为上司，还是想让你的团队变得更有效率（假设两者不能同时拥有）？

我们不会只在要给出否定的反馈时才提问，我们每次都会问。如果我们只在给出否定的反馈时才提问，那我们的下属很快就会明白这是一个信号，并且知道接下来会发生什么。由于这个原因，我们每次都会问同样的问题。

在我们进一步了解 MTFM 的其他部分之前，你会注意到这个模型最初只是以一种脚本的形式呈现，我们是有意让它保持这样的。多年来，管理者们告诉我们："我不知道该说些什么。"因此，我们创建了一个模型来帮助管理者消除这种障碍。通过"管理者工具"栏目，我们试着让反馈变得简单，以鼓励越来越多的管理者提供更多的反馈。我们想让你们记住模型里的词汇，所以你要考虑的所有内容就是下属的行为。

以类似脚本甚至有些尴尬的方式（很短的时间里）为你的下属提供他们想要的服务，其实就是以合理的价格来换取更高的效率。

有时候，你对这个模型及其微妙之处感到运用自如，以至于即使你无法精准地使用这些短语，但还是能让下属听懂你需要什么。最终，他们了解了这个模型的结构，也就能清楚地理解你的意思了。

相对于坐着什么也不干，采用这种方式要容易得多，它能让你即使心里想着"我不知道该说什么"，也能知道自己该说什么。

步骤 2：陈述行为

在步骤 2 中，我们会告诉下属他什么事情做得很好，以及什么事情需要做出改变。我们会说："当你（加入行为）……"

我们准确使用了"行为"这个词。

什么是行为？根据我们的定义，行为由以下五方面组成。

◎ **你所说的话。**无论是从中听程度和影响力的角度来说，这都是有区别的。有的销售代表会问："我能下订单了吗？"而有的销售代表则会说："我希望您考虑下订单。"他们两人的本意都是好的（而且他们两人肯定都会说他们的本意是好的)。但是从长远来看，好的本意通过不同的方式说出来，很可能得到的却是截然不同的结果。

不同的说话语气会产生截然不同的结果。你选择什么样的说话语气，就会带来什么样的商业结果。此外，在特定情况下，特定的说话语气能够明显产生更好的结果。

如果你让下属负责一个项目，他说“那太棒了”，那你有可能会认为，他态度积极，想要努力工作。然而，如果他说“好吧”，那你有可能会怀疑他会不会尽力。这两种回答都是积极的，但用词不同，可能给你带来的热情程度暗示就会有所不同。

换个轻松的话题，如果你的爱人跟你在电影院门口排队等候，顺口对你说：“我想跟你结婚，你想要爆米花吗？”我们认为那不是你想听到的话，而且你会认为应该有更好的用词，用词方式会极大地影响语句的意义。

即使意图是一样的，用词不一样，也有可能会对结果有不同的影响。

◎ **你说话的方式**。不管有意无意，你说话的语气和音调以及语速和转折都会极大地影响你想表达的意思。

我们的朋友迈克尔·史文森（Michael Swenson）用“我没有说你态度有问题”这句话中的语气重点词的不同，举了一个很好的例子。

如果我说：“**我**没有说你态度有问题。”好吧，那就是别人说过，但是你很可能的确存在态度问题。

如果我说：“我没有**说**你态度有问题。”好吧，我肯定是在暗示，让你自己来推断。

如果我说："我没有说你**态度**有问题，"好吧，我的意思是，你肯定有其他问题。实际上话语是一样的，但是你说的口气不同，会对别人造成理解上的差异。

◎ **你的面部表情**。通常，当你同意为顾客额外做什么的时候，报以微笑比皱着眉头更能使顾客感受到你的专业素质。

你可能会说你的面部表情没有任何含义，但你的交谈对象会据此来决定与你交流的方式。尽管此时你仍要对你说的话负责，但是你无法控制听众对其的解读。7% 取决于你使用的话语本身，38% 取决于音调差异，55% 取决于非语言线索（面部表情和肢体语言）。

比如说，当某人表达了一种观点后，有人很兴奋，而你却没有笑，任由他们推断你对这个观点不感兴趣。如果你只是听之任之，就会被视为对别人辛勤工作的漠视。也许你是对的，但是别人如此推断也不稀奇。

◎ **肢体语言**。交叉双臂并不总是对寒冷的反应。当你被问到一个很直接的问题时，低着头和用眼神接触做出反应，给人的理解是完全不同的。在会议室里用手指敲桌子可能"没别的意思"，但大多数人不会这么认为。

设想一下，当某位下属被问及他的项目进展情况时，他笑着说"很好"，然后一边点头，一边直视着你的眼睛。而另一位下属也说"很好"，但之前他先停顿了一下，然后低着头看向别处。说实话，这两个答案对你来说含义是相同的吗？

这并不是说谁对谁错。但是对于这些差异，以及他们在取得成果的效率方面，是存在普遍共识的。

◎ **工作产出**。你所做的事情以及你的工作表现都是你的行为。一般情况下，工作产出行为更具体的定义是：

◇ 质量。你的工作是否符合有效性和卓越性的普遍标准？

◇ 数量。你做了多少工作？对于许多有数字化目标的工作这是可预测的。还有许多本可以进行数量和效率衡量的工作未做正式评估。

◇ 准确性。你的工作需要返工吗？或者它是否达到了你的职业中公认的实践标准？

◇ 时间维度。你能满足最后期限要求吗？速度有时会导致不良效果，但通常它也是一种巨大的竞争优势。工作产出的频率也是时效性的一部分。一个人的时效性也包括在内——你该出现在你应该出现的地方。

◇ 档案资料。你要负责以书面和电子邮件形式向他人传达信息（包括分析和想法）。发送电子邮件也是一种行为——你对你说的话和你说话的方式做出了选择。

你会注意到，态度和动机都不是行为的一部分。太多的管理者认为，我们的工作是看见、听到或解读这些行为；推断驱动它的潜在意图、动机或态度；关注潜在的意图或态度。但这并没什么用，因为我们不善于猜测别人的意图，而且我们的下属知道，他们可以为他们的想法辩护，因为我们不能证明那“实际上”就是他们的意图。

当然，尽管态度和动机会驱动行为，但它们是不可见的，我们只能猜测。因此，我们不要针对下属的暗示、他们做事的理由或他们做事时的态度给出反馈。

设想一个场景：一个管理者正与他的下属开会，在别人分享想法时，这个下属会打断别人，不停翻白眼，还交叉着双臂。很明显，他“态度不好”，后来管理者点名批评了他。

管理者：在开会时，你的态度很差。

下属：不，我没有！

在态度上给予反馈（因为这不是行为，也不可见）会导致下属的抗辩行为；在这一点上，他没有在倾听，也没有考虑如何改变自己的行为。下属知道，管理者完全不可能“知道”他的态度或精神状态，所以他可以辩论，而不用管别的。

把之前的管理者的评论与以下评论比较一下。

管理者：当你翻白眼、插话和交叉着手臂时……

步骤 2 总是从“当你”这两个字开始。你用这两个字来开始陈述，鼓励自己把注意力集中在下属的行为上。

这里还有一些示例：

◎ 当你比原计划提前时……

◎ 当你多花些时间想找到根本原因时……

◎ 当你受到顾客侮辱后仍礼貌回应时……

◎ 当你多打一个电话告知顾客时……

◎ 当你昨天承诺我的事情没做到时……

在 MTFM 里面，“当你”是两个我最喜欢的字。我发现当我用“当你”这两个字开始步骤 2 时，它能让我们更容易关注下属的行为及其影响，我也会变得简单、放松、快速。它迫使我无须讲述故事或提供背景信息。

下属不想让管理者们粉饰负面的反馈。他们不想让管理者用自己的方式来表达想法。他们不想闲聊。再多的话语也不能减轻打击。他们只是想让管理者们说出需要说的话。

你愿意和你的老板进行一场 15 秒的还是 2 分钟的负面反馈讨论呢？当然是越短越好了。用“当你”会帮你做到简短些。

步骤 3：陈述行为的影响

在步骤 3 中，我们陈述了下属行为所造成的影响。这些词构成了因果关系的结果部分，行动和反应关系的反应部分，以及事件和响应关系的响应部分。除非你完成了步骤 3，否则下属不会理解他们的行为给组织、团队以及周围人带来的问题和所产生的积极影响。

这里有一个简单的例子。你和上司坐得很近，某位下属有私下向你打小报告的习惯。如果你不在座位上，他会假设你想让他告诉你的上级，因为这样可以帮你节省一步，你的老板会直接找出问题（不要笑，这事确实发生过）。当你的老板已经先于你知道情况而带着坏消息来找你时，你却不知道他在说什么。你的下属也不知道发生了什么，这会毁了你的一天。那么，他为什么会这样呢？因为他有一个合理的理由把事情告诉你的上级。

在这个例子中，负面反馈可能像这样：

管理者：我可以给你一些反馈吗？

下属：当然了，老大。

管理者：当你先把坏消息告诉我的上级时，即使是出于善意，我也会因为不知情而陷入麻烦。以后，你能试着先告诉我吗？

这里还有一个正面的例子：你的下属前一天晚上工作得很晚，帮助新员工找到了自己的方向。他向新员工展示了复印机代码，如何填写费用报告，等等。今天早上，新员工过来感谢你的下属。那么，你给自己经验丰富的下属的反馈可能是这样的：

管理者： 我可以给你一些反馈吗？

下属： 当然了，老大，有什么事情？

管理者： 你昨晚待到很晚，向新人展示了如何填写费用报告，这是一件很棒的事情。那个新来的家伙来到我的办公桌前表示了感谢——这对他来说意义重大。谢谢。

你可能会这么想："等等，这不是'反馈'。我的上司从来没有跟我谈论过这样的小事。如果他跟我有负面的绩效沟通，这就是一件大事，在这种模式下，我会觉得我有麻烦了。但这些例子听起来好像不是这样的。"

你这样想也没错。虽然我们讨论的是反馈，但你的经历更像是惩罚，而不是反馈。你所经历的是大多数管理者为了表现某些消极的绩效沟通所做的事情：等待，等待，直到他们最终不得不做一次关于某个问题的谈话。这通常发生在一天结束的时候，你们俩在谈完后都会觉得很糟糕。

但是有效的反馈不是等待，直到出现一个固定模式，而且它并不会随着时间的增长而变好。难道你不愿意早一点知道有问题吗？难道你不愿意让你的老板在有某种预示着你有麻烦的"模式"出现之前，就跟你谈话吗？难道你不愿意在问题还不严重而且你可以简单补救之前就被约谈吗？非要等到形成一个很难打破的习惯，才知道你所做的事情是行不通的吗？

我们的原则是寻找每天发生的影响力尚小的事件。给他们提供反馈是很容易的，所有这些小的改变会不断累积。

以"事情是这样的"开始步骤 3，会帮助你记住 MTFM，并正确地进行反馈。

以下是一些关于这个步骤的例子。

◎ 我可以专注于其他需要我关注的领域；

◎ 事情是这样的：客户打电话来感谢我；

◎ 事情是这样的：我注意到了你额外付出的努力；

◎ 我很欣赏这一点，让团队的工作变得容易多了；

◎ 我们对新员工的要求要高得多；

◎ 这个项目是环保的，我们避免了犯政治错误。

你是否注意到了，这些都是正面的反馈？

步骤 4：鼓励有效的未来行为

在步骤 4 里，我们要么要求行为上的改变，要么对我们想要鼓励的行为表示感谢。

有了肯定或正面的反馈后，下属现在对有效的行为及其所产生的影响有了明确的理解。这就是用这种模式给予反馈的力量，比“做得不错”之类的赞美更好，你有了一种鼓励长期有效行为的方法。

当反馈是正面的时候，步骤 4 有两种表达方式：“谢谢”和“希望继续努力”。

当我们给予负面反馈时，我们要求下属表现出与之不同的行为。我们不是在惩罚过去的错误，因为我们已经原谅了它。记住，我们关注的是未来，而不是过去。

要求下属改变最简单的方法是问：“你能改变它吗？”所有这些问题，都要求下属给出肯定的回答。如果你和你的下属对这个模式感到满意，你也可以问：“你能以不同的方式做些什么吗？”这是一个更难回答的问题，因为它要求下属立刻提出一个替代方案。

这里有一些示例：

◎ 你可以改变它吗？

◎ 你可以用不同的方式做吗？

◎ 你能以不同的方式做些什么吗？

◎ 如何使它变得更好？

这里还有些可以将它们合在一起的例子。

管理者：我可以给你一些反馈吗？

下属：当然。

管理者：当你提前完成项目 X 的时候，让我可以把精力集中其他需要我注意的领域。谢谢。

管理者：我可以给你做一个观察评论吗？

下属：当然。

管理者：当你受到顾客侮辱后仍礼貌回应时，顾客打电话感谢了我，你干得很棒。

管理者：我可以与你分享一些信息吗？

下属：好的。

管理者：当你昨天答应给我数据，但错过最后期限的时候，我不得不手忙脚乱地把所有东西都放在一起。你能解决这个问题吗？

如果你要练习，可以在 5~15 秒内完成反馈。在我们的“高效管理者”会议上，我们会给五到六个人轮流反馈意见，我们的演讲者可以在 40~45 秒内完成这件事。这个时间很快，反馈很容易，而且下属们很快就喜欢上了这种方式。

再次回顾一下这四个步骤：

◎ 步骤 1：提问。

◎ 步骤 2：陈述行为。

◎ 步骤 3：陈述行为的影响。

◎ 步骤 4：鼓励有效的未来行为。

何时给予反馈比较合适

能即时给予反馈是很理想的。当运动员在比赛中时，他们会采取行动，并立即对他们的行动做出反应，他们可以根据所发生的情况进行调整；当我们开车时，我们转动方向盘，汽车就会做出反应；当我们在谈话中说些什么时，与我们谈话的人很快就会做出反应。

想象一下，当这些相同的事情都发生了，但是反馈却延迟时，会怎么样？如果在我们转动方向盘的时候，汽车有 30 秒的延迟反应会怎样？如果要别人来回应我们的谈话，我们不得不等上 30 分钟会怎样？如果我们不得不等上 30 天才能听到我们在工作中所做的事情并没有按照我们想要的方式进行呢？当你真正开始思考这个问题的时候，几乎会认为在生活的每个方面都给出反馈是理所当然的。我们也理所当然地认为，我们会很快得到反馈。但出于某种原因，我们似乎并没有从管理者那里得到反馈。

只要有可能，管理者最好在他们看到、听到或注意到相应的行为后立即给出反馈。如果你有机会，在你的某位下属做了一些你想要鼓励（正面的反馈）或想要改变（负面的反馈）的事情之后，立即给予反馈，你可以在别人不知情的情况下这样做。如果你正在进行一对一沟通，而和你谈话的下属不恰当地诋毁了别人，那就立即给予下属负面反馈。如果你在开会，你的一个团队成员提出了一个很棒的想法，如果你可以私下搭话，侧过身去轻声给他些正面的反馈。如果你正走出会议室时，你的下属刚好解决了一个问题，那么当你们一起走到小隔间的时候，私下里给他一些正面的反馈。如果你从一个同级管理者的笔记中，看到赞扬你的团队成员的话，那就走到他的小隔间，轻声说些好话吧。

即时性的重点是不等待。你的下属越早获得关于他们所做之事的反馈，无论好的或坏的，他们就越能快速地贯彻执行。如果管理者能立即给出反馈，效果会更好。

但是"即时"不是必须的。如果你不能在会议上给出反馈是因为你不能在没有别人知情的情况下做，那你绝对可以在一两个小时后，当你和他们都有时间的时候再说。另一种思考何时反馈的方法是"一旦可行"，但这并不像"即时"那样简单。

虽然能够立即给出反馈是很好的，但真正的"即时"反馈是不太可能的。很多时候，会面临其他意外情况；直到一两天后，你才会察觉这样的行为；或者你可能会认为，你没有时间走过去，花 30 秒的时间给出反馈。

实际上，给予即时反馈不大可能，我们在"管理者工具"栏目里获知，关于反馈的问题通常是一种转移注意力的方式。我们了解到，当管理者要求给予即时反馈时，这实际是在布局。他们并不是真正要求给予反馈的时间。他们想听到我们说"即时是最好的"，这样一来，他们就能解释为什么他们不能直接给出反馈，因为我们刚刚描述的所有例子表明，即时反馈是不可能的。

坦白地说，大多数管理者都知道，即时反馈很难实现。因此，他们会使即时反馈变成做到优秀的阻碍，所以，只要是可行的，就立即反馈吧。

"即时"是一个强有力的词。它的意思是"马上"或"在那一瞬间"。一些管理者也许会认为，如果我们的某个团队成员在会议上说了一些很好的话，那么在会议之后给那个人反馈是无效的，因为它不是即时的。他们说："嗯，即时几乎是不可能的，等待会议结束后也不是即时的，所以我没做。"

让人印象深刻的是，一些管理者会被自己被逻辑节点束缚，避免与下属进行一次 10 秒钟的愉快谈话——这是下属所要求的、他们也想让上司来参与的谈话；在这种谈话中，每个下属都会说出自己想要的东西，哪怕说的方式很笨拙。

如果你能给出即时反馈，那就去做，享受当下。你的下属也会这么做。当你的反馈是即时的时候，你也相当于为自己赢得了两次反馈的机会。

记住，真正即时的反馈不是标准要求。如果你不能马上反馈，那并不意味着你不能给予，而只是它不会立即发生。

越快越好

即时反馈是一个伟大但却几乎无法实现的目标。及时反馈的真正目标是尽你所能。当你了解到你的下属所做的积极或消极的事情时，如果你有 30 秒与下属相处的时间，那就把它作为反馈与你的下属分享吧。通常，对事情做出快速反馈对大多数管理者来说也就在一两天内。

一两天对于大多数管理者和下属而言，都是一个完全合理的、适当且有效的反馈时间限度，不管这种反馈是正面的还是负面的。如果你能在一个小时内给予反馈，那就太好了。大多数情况下，在最初的三到五天内，反馈的价值并不会有明显的下降。

如果你能记住：越快就越好，而且在最初的三到五天内反馈价值不会明显下降，你就有更多的时间和机会去传递你下属想要的东西——并告诉我们他们想要的。

“很快”到底指多长时间？大约一周。换句话说，反馈时间不要超过一周。原因是，一周后你的记忆会变得模糊，所以你可能出现记忆偏差，况且当你做反馈时，准确性非常重要。你不应该模糊地说“我不记得你说什么了，但无论如何，它真的很好，使我们看起来都很好”。这并不是真正的反馈。对下属来说，一个多星期的延迟反馈就好像你对自己犹豫不决，对下属充满怀疑。一次很长时间的拖延会被下属理解为，你在对你所提供的反馈的质量进行反思。

此外，你的下属不会像你希望的那样能清楚地记得某个时刻，即使你的记忆很精确，下属可能做不到。从“它真的发生过吗”或者“我不记得了”这些话语中，我们能看到相关的说法或问题在不断增加。这些反应与鼓励未来的有效行为的初衷是对立的。很明显，当你给出的是负面而非正面的反馈时，你会遇到更多这种情况。

所以，我们建议的可延迟反馈的最长时间是，在你了解到行为的一周内。问题是，我们似乎都以一种不同的方式来定义一周的概念，一些人也无法记起一周前发生的事情。比如，今天如果是周五，我看到的行为发生在上周的周一，那就是“一周前”。同时，也有管理者会说：“嗯，我认为它发生在周二，但也可能是周三。现在是一周后的周三了，我该给出反馈吗？”

我们发现了一条更清晰的分界线。如果你注意到或听到的事情发生在上次的一对一沟通之前，作为一般原则，不要给出反馈。这是“管理者工具”中推荐的、用来衡量一个星期前的时间到底有多长的方法。

是的，如果你昨天进行了一对一沟通，这条原则表明，对于两天前发生的事情，现在才给予反馈的确拖得太久了。也许这比我们预计的时间超出了一些。但是，也不要担心你不能对两天前的事情给出反馈，因为你会看到更多同样的行为出现。

08

反馈中常见的问题和阻力

你反馈时的态度决定了下属的反应

正面和负面的反馈听起来是完全相同的。如果这个论断让你感到意外，你可以再看看图 7–1。我们的目标是正确的，它是一种积极的未来行为。不管是正面的反馈还是负面的反馈，目标都是一样的。

迈克尔曾经告诉我："只有当我能够轻松地笑着讨论的时候，我才会给负面的反馈。"这是一种完美的态度。他知道，如果他不能以一种轻松的心态面对，那他就很可能用一些消极的态度来表达，甚至带着批判或轻微的愤怒。他也明白发泄情绪可能很好，但从长远来看，这是无效的。这是我个人还在学习的一课。我发现自己仍想给出一些负面反馈，因为错误让我感到愤怒。愤怒只能激起我的情绪，却激发不了下属有效的未来行为。所以我会等，就像迈克尔一样。

迈克尔的方法让我想起了一位管理者，他对 MTFM 真的很纠结，他在 O3 方面取得了令人难以置信的成功。当他听到他的下属在 MTO3 中与他分享的东西时，他很惊讶，他知道什么会让他们做得更好。同时，他也很惊讶地发现尽管他担心 O3 会占用他日程表中的时间，但他似乎拥有比他想象的更多的自由时间。

然而，接下来发生的事情很令人失望。这位管理者告诉我们，在给予反馈这方面，他的内心是如何挣扎的。他说："每次他们都会因害怕而退缩，士气一落千丈，尽管士气曾因 MTO3 而有所上升。现在，甚至连 O3 的效果也每况愈下。这真是一场灾难。"

我问："你为什么不简单告诉我，当你在给别人反馈的时候都做了什么？"根据我对管理者的教练经验，理论中的给予反馈几乎总是不同于在实践中的给予反馈。这些都是管理者给他的下属反馈的类型。

管理者：马克，我可以给你一些反馈吗？

下属：可以的。

管理者：当你表现出那种行为时，让我很恼火，我觉得如果那种事情再发生几次，你对我而言就成了大问题，我不会高兴的。对此，你准备怎么做？

他的态度很直接（我为人很和善）。在他的表达中，我感到了卑鄙、以权施压和恐吓的气息。

这个反馈做得不好。当然，他提问了，使用了"反馈"这个词，说了"当你"，也以一个关于未来的问题来结束。但这仍然不是与"管理者工具"栏目要求相符的反馈，因为它违背了反馈的目的：鼓励有效的未来行为。他没有鼓励任何事情，他通过角色权力威胁要进行报复。我帮助他理解了他的方法是如何彻底失败的，我建议他为自己的错误道歉，并重新开始反馈。他照做了，事情也改善了，虽然过程很缓慢。

在反馈前你应问自己的三个问题

当你考虑给下属反馈时，可以问问自己以下这些问题。

问题 1：我生气了吗

如果你很生气，就不要反馈了，等等再说。

如果你的下属感觉你很生气，他们就不会有接纳的心态，即便他们在步骤 1（提问）中回答了“是”。此外，即使他们有接纳的心态，你的状态也不适合做反馈。如果他们认为你生气了，他们就得不到反馈的鼓励。而且，你既不是布拉德·皮特（Brad Pitt），也不是梅丽尔·斯特里普（Meryl Streep）。如果你生气了，无法装得若无其事。你欺骗不了你的团队，他们知道你是不是生气了。

如果你提供反馈时很受困扰——你从下属那里得到的反馈不太好——而且你是一个精力充沛的人，或者是一个遇到小事就会生气的完美主义者，这就是在你给出反馈之前要问自己的一个重要问题。

如果你的下属知道你很生气，那这个反馈就是关于你的，而不是关于他们的，那就违背了反馈的目的，这种目的既关乎鼓励良好的行为，也关乎改善不良的行为。更简单地说，它起不到什么作用。

问题 2：我是想提醒还是惩罚他们

如果你的目的是提醒下属他们的错误，那么这也不符合反馈的目的。如果你正在做反馈，那么你的目的应该是鼓励有效的未来行为。是的，你必须提到过去，但那不是你的目的，你并不是要指出错误。

问题 3：我能够放任不管吗

如果在某件事上你控制不了自己的情绪，那么我们建议你就不要管了，也不要做负面反馈。我们经常会发现，那些急切地想要提供反馈的管理者，完全是出于错误的理由才这么做的。我们不想把快速反馈的需要和情绪冲动混为一谈。真正相信反馈的目的、并希望专注于鼓励有效的未来行为的管理者，并不会因消极的情绪冲动才给予反馈。

如果你控制不了自己的消极情绪，那你可能在提供反馈，从而鼓励下属在未来做出有效的行为这方面投入的精力过多了。

拖延或推迟反馈

如果你确实通过了这三个问题的测试，那么就去反馈吧。如果你没有为此生气，如果它不关乎过去或惩罚，如果你能放任不管，那就去做反馈吧。

如果你没有通过这三个问题的测试，你应该怎么做？你要么拖延，要么推迟反馈。拖延意味着你暂时停止反馈，也许你会克服愤怒的情绪，也许你会意识到，匆忙之间，你的想法是草率的。然后你会回到正轨，朝着鼓励有效的未来行为的目标前进。你会意识到，你可以放任不管，但在推迟了几个小时或一整夜之后，你还是可以进行 15 秒的反馈对话。

推迟是可以的。它只是反馈的一小部分，推迟几小时也没太大的影响。

假设你暂停反馈，几个小时后你发现自己仍不处于正确的位置。你仍然很生气，或者由于别的原因，你没有朝着你应该发展的方向反馈。那也没有关系，把反馈彻底地推迟吧，彻底抛开这个事情，不要给出对这种行为的负面反馈。

请记住反馈是关于未来的。假设你没有给出负面的反馈，然后，不管出于什么原因，你想强调的行为都没有再发生了，你只要相信奇妙的变化，什么也不做也会起作用。

如果它不起作用该怎么办？如果行为出现反复又该怎么办？此时，你就应该做更多的反馈。但在你进行反馈之前，先解决测试表中的问题。

如果下属推辞或拒绝反馈，你该怎么办

我们认为，许多新的管理者在碰到下属推辞或拒绝反馈的时候，会变得哑口无言。解决这种状况的答案就是：给予警告。

在处理下属对反馈的抵制时，给予警告的概念是指海军向敌舰舰首附近海面开火，以示警告这一情形。当海军或海岸警卫队想要警告某敌舰时，它们会直接向舰首附近海面射击，而不是先警告性射击。给予警告是一种特定的情形。

有两件事使得给予警告显得与众不同：第一，要给予敌舰警告，敌舰就必须要在射程范围之内，这也表明敌舰是可以触达的；第二，因为瞄准点是一个特定的地方——船腹部之前，船首之后——当你向那里射击的时候，你就证明了你可以射中任何你瞄准的部位。从根本上来说，给予警告等于在说："如果我方想射，就可以射中敌舰。"

其中的隐喻是：当你的下属想抵制反馈时，你完全不需要做什么，因为你已经给予警告了。他们可能知道自己错了，他们也知道你注意到了他们的行为。如果情况还是一样，你可以先退一步。因为已经说得够多了。

让我们回到反馈的目的——鼓励有效的未来行为。如果你的下属很抵制，他就会抵制发生的事情，或者事情发生的原因，或者没有发生的事情。这些都是关于过去的争论。

你发起了谈话，你的目的是对未来提出要求，你的下属却想要争论过去。为什么你要放弃目标——未来——而回到过去，此时我们都知道，你不可能赢得与抵制你的下属之间的争论？而且，即使你这样做了，你有没有可能将下属拉回到你最初的目标中，并让他同意关于未来你想要什么的想法？当然不可能了。

所以，如果你的下属固执于过去，不想让你达到最初的目的，那就不要同意他想回到过去的请求。这一开始是你发起的谈话。如果你不能达到你的目的，那就不要因为争论你不能改变的事情，而使之变得更糟。

换句话说，我们建议你，在下属争论或抵制的时候做出让步。不要让自己卷进关于谁说了什么，他的意思是什么，你看到了什么，他实际做了什么，谁向你汇报了某种行为，他如何安排优先序，你怎么没有他的技术技能，或者他是如何尝试新事物等问题的讨论之中。不要与下属讨论发生过的事情，这些话题都不是你想要关注的未来。

一旦你给出了反馈，而下属却推辞了，那就停下来，微笑，道歉，然后走开。你已经亮出了你的观点。不要仅仅因为你已经表示过不予干涉的善意，而让下属试着去赢得争论。

你们的对话可以是这样：

管理者：我可以给你一些反馈吗？

下属：当然，是什么呢？

管理者：当你在员工会议上迟到时，我们就必须重新安排日程。以后你是否可以做些改变……

下属：天啊！那就是你之前看到的所有东西吗——错误还有迟到？交通堵得可怕！我的邮件下载不了！饶了我吧！

管理者：（微笑着，做出让步）那好，那就忘了它吧。时机不对，我原谅你了，不要担心。

记住，这一切都可以归结为：下属会改变他未来的行为吗？如果你别让他用争论阻碍一切有效的对话，他很有可能会这样做。

反馈无效时的撒手锏：系统反馈

当你尝试过提出负面反馈却没有效果时，你要怎么做？你反复给予很多次反馈，但仍然没有看到下属的行为有任何变化。

许多管理者都问过我们这个问题，因为他们害怕自己放松的语气，并且没有表现出吼叫、发怒、惩罚等感知性后果，会使得下属低估管理者要求其改变的严肃性。他们担心下属会说：“是的，我会改变的。”但实际上却不这么做。

这是个合理的顾虑，但事实并非如此。首先，大多数有这种顾虑的管理者，并没有试过这种模式。数据显示，91% 的下属在收到管理者的负面反馈后，是会改变自身的行为的。

在我们谈论怎么做之前，首先要明确一个重要区别。我们必须将导致负面反馈的无效行为分为两类：不同的行为和类似的行为。如果你的下属在不同的行为领域犯了错误，就要针对不同领域的行为给予他们反馈。在不同的行为领域，会出现一种错误的很多个例子——比如时间限度、质量、已完成的工作量、与他人的关系、沟通——这些都不是问题（因为上面的数字是 91%）。

但如果行为相似怎么办呢？如果有人反复迟到，甚至在你给了他们负面反馈之后还迟到，那该怎么办？如果你在他们第一次犯错给予反馈后，他们仍然数次都达不到质量标准，那该怎么办？

如果重复的行为在有效性上没有改变，那就要用系统反馈来回应。这种反馈很容易做出——它与聚焦变化的四步标准反馈模式非常相似。如果你已经知道如何给出标准反馈，那系统反馈就很容易实现。但是，它的简单性掩盖了它的强大性，真正运行良好的系统反馈是不容忽视的，而且在下属不改变其行为的情况下，这种反馈会为进一步的努力打下良好的基础。

系统反馈会改变你要与下属谈论的内容，也会提高与持续失败的、需要改变的行为相关的结果标准。系统反馈强调下属持续失败的、需要改变的行为与其自身做出的改变承诺之间的联系。它旨在解决多次未能履行承诺更大的失败。未能履行承诺是一种系统性的失败，任何组织都不能长期容忍其成员存在这种情况。

假设我有个下属在某个领域里十分挣扎。他按时提交了保险索赔请求，标准是98%，由于其失误或遗漏而被拒绝了其中的5%。于是，我的下属就不得不把资料交给审计团队，如果资料没有通过质量审核，那请求就会被驳回，他就要重走一遍程序。于是我就要更彻底地检查一下，包括填一份表说明我已经看过表格了。

这位下属的名字是奥斯汀。他是一位出色的员工，锋芒毕露——我很喜欢他。虽然他经常例行公事般地在最后期限前完成任务，但他却经常达不到质量的要求。

奥斯汀与他的队友们关系很好。他很受欢迎，获得过专业学位，我们也相信他有能力让自己成为一个好主管，至少在一开始是这样的。但在这一项记录上，他却并非如此。他不会得到提升，表现也不够好。他没有达到任何一项重要的工作质量标准。

所以，当奥斯汀没能达到标准时，我给了他一些反馈。

反馈可能是这样的：

管理者：奥斯汀，我可以跟你说些事情吗？

下属：当然了，老大。

管理者：当你没有达到质量标准时——你这周的被拒率是7%，而标准是5%，这意味着你和我要做更多的工作。你能解决这个问题吗？

下属：不好意思——是的，我会解决的。

看看在MTFM模式下发生了什么。我指出了他的错误，告诉了他事情的后果，也让他改变自身的行为。

他自己也说会改变。在步骤4里，我们让下属承诺去改变自身的行为。

遗憾的是，奥斯汀还是没有达到质量要求。每周当他犯错时，我都会给他负面反馈，还让他承诺去提升自己，他都答应了（这并不是说我没有给他提供帮助，给他做些培训，给他找个导师，或者由我自己来帮他——这些事情与我要给他反馈的责任不相关）。

当我每周都在做反馈的时候，我不会以任何方式来改变语气或方式。我们不会逐步强化，也不会用一种暗示“事情将变得更糟”的语气。我们不会暗示会有什么后果。请放心，我们的下属知道，如果对于我们要求的行为改变一直没有做到，那就有问题了。

我将连续六周以同样的方式，对他每周的失败做出反馈。正如上面所提到的，我很可能给他提供帮助。但无论他是否接受或使用我的帮助，我仍然有义务给他反馈。我不会仅仅因为他“正忙于处理事情”，而不与他谈及他没有达到的标准。我很高兴他正在努力，我希望他能继续下去。而且，只要他还没有做出改变，我就还会继续谈论这个问题。

不要担心六周这个时长。首先，使用系统反馈的情况非常罕见。在使用反馈模式的 26 年里，我只使用过六次系统反馈，也就是每四年一次，并且这是在不同时间里在至少有 100 位下属的组织里仅有的六次。

其次，如果你想要在一两次或者三次反馈之后就获得什么结果，你会遇到很强的阻力。那些认为自己不可能多次犯错的下属——即使是在同一领域——也会迅速采取防御性的行动。而等待会让他们有时间来解决这个问题，这表明我们相信，他们能够达到他们需要做出的表现。

回到奥斯汀的例子中。到了第 7 周后，我给他做了系统反馈，注意观察他关注点的变化。

管理者： 奥斯汀，我可以给你一些反馈吗？

下属： 当然（他认为自己知道会发生什么事。他认为会得到关于工作质量的反馈评价，但事实却没有）。

管理者：当你一周接一周地告诉我，你会提升自己的质量数据，然而你并没有，我现在担心的不仅仅是你的工作质量，而是关于你的反复承诺——对我的承诺——你都没能履行。在我的观念中，这比没能达成质量标准更严重。你的承诺会伴随着你的整个职业生涯。关于这个更严重的问题，你可以做出改变吗？

标准反馈与系统反馈有一个根本的区别。标准反馈是针对小的行为，而系统反馈关注的是下属承诺了新行为但却未能贯彻到底的道德风险。我们可以容忍那些犯错误的人，但不能容忍那些一再做出承诺却不履行的下属。

我们何时使用它

当你在一段时间内做过六次标准反馈，已形成了既定模式，但下属仍没有表现出他们所承诺的行为时，你就应该使用系统反馈。这是反馈的最后一步，在考虑组织制裁之前，你要先使用系统反馈，就像绩效提升方案一样。

它有什么不同

系统反馈不同于标准反馈，因为在标准模型的步骤 4 我们给出了反馈，下属承诺改变，但他们却没能履行承诺（相比于最初的行为）。

这可能会让人感觉有所不同，而更多的是“可能会出现某种结果”的感觉。标准反馈是轻松的、专业性的，不涉及权力、愤怒或恐惧，而系统反馈的程度更深一些。以一种随意的方式来传递系统反馈是不合适的。反复承诺行动，之后却不跟进实施，明显比达不到质量标准更糟糕。

系统反馈的两种危险情况

系统反馈中存在两种危险情况，我们需要特别注意。

1. **我们必须忠实于反馈模式的步骤** 4。如果不以适当的方式来使用标准反馈模式，我们就无法使用系统反馈模式。我们必须面对来自下属的反复承诺——这来自步骤 4（你能解决这个问题吗？）——才能解决下属无法信守承诺的问题。

对于大多数管理者来说，即使感觉很尴尬（真的吗？我不能只是指出他们的行为？我必须要求做出改变？），但他们仍然使用步骤 4 的最强烈的动机是，如果没有它，一旦标准反馈模式不能改变下属的行为，他们就会束手无策。

2. **事先规定的制裁必须实施**。因为系统反馈是反馈的最后一步，所以有些管理者可能会由于下属未能改变行为而感到沮丧。我认为这是无效的，但我理解这种挫败感。

然后，我们开始考虑制裁。许多管理者告诉我们："反馈不起作用，所以我的办法要更狠一些才行。"这也许不是理想的做法，但数周后下属的行为没有任何提升的话，我觉得这样做是合理的。

然而，如果我们承诺实施制裁，一旦行为没有改变，我们就必须按照我们所说的时间和方式来实施。如果我们决定在明年冻结下属的工资，我们最好就真的冻结。如果我们决定将下属从升职考察名单中删除，那我们就必须这样做。否则，下属就会把整个过程视为我们的一种拖延战术，而这将削弱他们未来产生改变的动力。

系统反馈对于获得下属的关注，以及激励那些之前抵制变化的下属做出改变，是特别有效的方式。它以一种忠实于整个反馈系统的方式来进行操作，这些都是关乎行为的。它要去解决一个更危险的行为弱点——未能履行承诺，这使得提出反馈更有分量。

09

怎样反馈才有效

当你逐步完成一对一沟通之后，就开始做出反馈吧。如果出于某种原因，你直接跳到本书讲述反馈的这一部分，而你们的一对一沟通还没有完全实施的话，那么你可能会碰到很多障碍。所以，我们不主张你跳过有关一对一沟通的章节，因为我们不会推荐我们不相信的东西。

在实施了 12 周的一对一沟通后，你可以在 MTFM 的框架下，开始实施绩效沟通的程序。

在每周员工会议上表明你的意图

既然你决定把反馈加入“管理者工具”栏目中，而且你也和下属建立了良好的关系，你就要一次性地向你的团队说明你希望做出什么样的改变。反馈是个人行为，但是把它告诉团队，等于告诉大家，每个人都会被同等对待。我们不建议在一对一沟通会上重复做相同的内容，那样效率太低。

安排 30 分钟来做个人简报

我们见过管理者们试图把会议时间延迟 10~15 分钟，但这通常是不够的。在下属对绩效沟通很敏感的情况下，时间可以充裕些，最好不要着急。

使用你提供的材料进行反馈

我们的网站上有一个免费的反馈文件，你可以从中获取你需要的一切。把它发给你的下属看看。如果他们知道将要发生什么，以及为什么会发生，他们就更容易接受反馈。

提及反馈的目的

和你的下属谈谈反馈的目的，即鼓励有效的未来行为。遗憾的是，多年来有太多的上司都做得不好。你的下属对反馈感到害怕，他们把害怕归咎于你的动机，尽管你心中并没有他们认为的动机。因此，要消除这种恐惧，你必须清楚地告诉他们为什么你要使用反馈模式。

对下属澄清反馈模式的每一个步骤

告诉你的下属你要做什么以及怎么做，讨论每一个步骤，与他们一起练习，向他们征求正面反馈的例子，并尽你所能向他们展示你将如何使用反馈模式。

你可以采用本书所提的方法，告诉你的下属为什么你在考虑使用这个工具。“如果你和我一样，并不总是确定你的良好工作是否得到认可，或者是否是上司想要的；如果你也不确定自己是否总是做得正确，或者是否有更好的方法，那么我有义务帮助你每天都做到最好。反馈模式只是我们谈论你正在做的事情和结果的一种方式”。

告诉你的下属，负面反馈与惩罚无关，它只关系到如何更好地去做，它关乎未来。

前八周只做正面反馈

当你在学习使用反馈模式时，不要给出任何负面反馈。如果你试图悄悄做些负面反馈，就会面临做得不好的风险，因为你还没有掌握该模型及其传递的方式。你可能会伤害下属的感情。如果你已经"投毒于"这个模型之中，即使后来你给予了下属一些正面的反馈，他们对模型的厌恶也会使得他们很难听进你的赞美之声。

即使你告诉下属你只会在接下来的八周内使用模型给予正面反馈，在你第一次问下属"我能给你一些反馈吗"之时，你看到的也可能只会是恐慌或恐惧。从这点你应该能发现，他们之前的管理者是如何对待他们的。他们已经习惯了，害怕任何绩效沟通，因为他们做得极少，而且经常得到负面评价。

如果你想知道，你应该给予多少反馈，那当你开始进行反馈的时候，每天只做一次反馈就好。这并不意味着对你的每位下属都要做一次反馈，而是对你团队成员中的任意一人进行一次反馈。

如果你可以连续五天做出反馈，那你就可以将每天的反馈提升为两次，以此类推（参见"场景预设"，这叫作"衡量反馈"）。

如果你的某个下属犯了一个理应得到负面评价的错误，在给出负面反馈之前，你应该怎么做？在你了解这个模型之前，你应该还像以前那样行事。如果你之前忽略了这个问题，那就继续忽略它。如果你之前习惯叫喊，那就应该停止大喊大叫（我真希望你不要大喊大叫）。即使你有了这个新工具，甚至可能对使用它感到有些兴奋，但在时机成熟之前，不要使用它。如果你过去只是带他们去你的办公室聊一下，那仍然这样做吧。

八周后加入负面反馈

请注意，我们不会从正面反馈转向负面反馈，我们只是在寻找时机像给予正面反馈一样给予负面反馈。我们建议你等等看，因为在你开始使用它做出负面反馈之前，你需要好好学习这个模型。你肯定不想再下属面前显得笨拙不堪，它会削弱沟通效果并让你备感压力。

尽可能保持积极态度

请注意，不要做太多的负面反馈。大多数管理者都没有意识到，他们把自己的工作看作“纠正错误”。如果你认为你应该对“错误”保持“警惕”，那就会发生两件事：第一，你的眼里只会看到错误；第二，你将看不到所有好的行为。

优秀的管理者会告诉你，他们在绩效沟通时给出的正面评价比负面评价要多得多。他们会寻找机会，指出那些进展良好的事情。如果他们不寻找机会，就可能注意不到。并且，不管你喜欢与否，在一个人类的组织里，总会有很多错误出现。即使你认为自己很擅长监管错误，仍然会有许多意料之外的事情发生。

正面反馈比负面反馈更有力。不要等到你的职业生涯结束时，你才意识到这一点。

10

用教练技术提升下属的业绩与技能

对于高效管理者来说，第三种关键行为是要求更高的绩效表现水准：提出更高的要求。“管理者工具之教练模式（The Manager Tools Coaching Model，MTCM）”能够帮助你提升每一位下属的技能，而不用每周花 5~10 分钟去敦促他们提升。

大多数有经验的管理者，至少会面临一种情况，即他们需要帮助别人成长。他们的某位同事或者来自人力资源部的人可能会说：“你真的需要教练他。”也许他们的某位下属表现得相当不错，只是在某个技能领域需要获得帮助，才能达到更高的水平。或者，某位下属对他们的未来表示担忧。

但是，没人知道该怎么做，或者，它需要数周的时间来制订一个详细的六个月改进计划（而之前没有人做过）。所以，他们把它抛诸脑后，却从来不去做什么。

这里有一个更好的方法。作为管理者，我们有义务尽力让下属表现出最好的一面。如果下属有能力表现得更好，那管理者就有义务努力促使改变发生。

在“三位一体管理”工具中，最不常用的就是教练。这是因为一对一沟通是最有力的工具，一旦管理者开始实行，他们就会欲罢不能。接下来是反馈，但它对于很多管理者来说很难，所以他们会踌躇。许多管理者害怕发生冲突，担心这会提高人员流失率（当然，事实恰恰相反）。如果管理者不能顺利地使用反馈，他们就不太可能接受教练。反馈需要几秒钟的时间，而教练需要几个月的时间，做起来似乎更难。

我们在这里提出了一个重要的词汇——教练，在不同的专业领域，它有两种不同的含义。在某些情况下，它仅仅是指管理者指出错误并提出建议——具有偶然性和特定性。不具系统性，也没有计划性（顺便说一句：它总是负面的）。

另外，在大多数组织里，教练实际上相当于一位失败的员工需要接受的“绩效改进计划”。这不是为了让员工在计划中取得成功，而是为了让组织收集员工表现不佳的客观数据，为组织提供足够的数据来终止雇佣协议，且不用承担法律风险。

“管理者工具”将教练定义为一种系统的努力，以提高下属在某一特定技能领域的绩效。它既不是偶然的，本质上也不是负面的。我们的教练模式是一种你在几个月的时间里，监督下属自我提升过程的方式。

我们的教练模式有四个简单步骤（见图 10-1）。

◎ 步骤 1：协作以设定目标；

◎ 步骤 2：协作以谋划资源；

◎ 步骤 3：协作以制订计划；

◎ 步骤 4：下属对计划的反应和报告。

目标		资源		计划		行动
DBQ	→	头脑风暴	→	下一个成果	→	每周报告

图 10-1　教练模式

步骤 1：协作以设定目标

第一步很简单。一旦我们决定好了下属要在哪个方面得到改善，我们就要与下属一起坐下来设定目标。

请注意，我们的模式的前三个步骤都是以“协作”这个词开头的。我们与下属坐下来设定目标、谋划资源、制订一套我们称之为教练计划的行动方案。只有在步骤 4 中，当下属按照计划采取行动，而我们在监督下属的行动时，我们的路径才稍微有些不同。

当我们相互协作的时候，教练是最有效的。管理者知道机会最可能出现在哪里，但下属才是需要学习和成长的人，就算管理者不能替代他们去做，下属也要正确选择主题，并了解资源。

我们要如何设定目标呢？很简单。我们可以描述一种想要达成的行为或结果，并且为这一行为或结果设定一个期限。这里有些例子：

◎ 在 12 月 1 日前，你要获得网络工程师（CNE）认证；

◎ 在 10 月 30 日前，你要成功组织员工会议；

◎ 在 1 月 1 日前，你要准确无误地提交资金计划。

“管理者工具”使用一种叫作 DBQ 的目标结构，即期限（Deadline）、行为（Behavior）和质量（Quality）。我们由期限这部分开始，因为期限驱动行为。同时，教练是比反馈更有力的工具，因此我们通常不会设置四个月以内的期限。如果有人可以在四个月内改变他们的行为，那这种人可能只需要一些反馈，不需要我们为其制订教练计划。

行为部分是我们想要下属掌握的东西——我们想要他们提升的行为。

质量部分是我们衡量行为的方式。例如，我们不能只说我们要下属组织一次会议。只根据这一标准，下属组织的可能会是一场灾难性的会议。我们必须说清楚我们期望改变的行为成功的标准是什么。

我们建议你在一对一沟通表格上，写下教练涉及的目标。我们很多人都是在前一周表格的背面写的，并且那里只记教练笔记，从而把它们单列出来。

以下例子可以帮助我们了解 MTCM。让我们看一下让很多管理者感到惊讶的例子：教练一个喜欢干扰别人的下属。这是一个大多数管理者都认为没办法解决的事情，因为你不能教练别人的人际交往能力。但既然人际交往能力也是一种行为，那我们就可以教练。

我们的这位下属叫德雷克。我们与他协作教练的情况可能会以这样的方式开始：

德雷克，我担心你并没有减少你对别人的干扰。我已经给你反馈过几次这个问题了，但我还没有看到你有什么改变。我觉得你的打扰行为应该减少，这对改善你在团队中的关系是有意义的。干扰别人会使别人觉得你不尊重他们。他们会认为，当你经常干扰他们的时候，你根本不尊重他们。

那么，我们如何在对德雷克的教练计划中使用 DBQ 目标呢？

就期限来说，也许四个月后刚好到 1 月 1 日。在假期的时候，我们不会考虑期限的问题，但坦率地说，如果他需要四个月以上的时间，又有何不可呢？所以我们给他六个月。对我们来说，多给一些时间，让德雷克提前完成任务，比让他在最后期限前过度紧张要好得多，而我们可能还会允许这个最后期限有一点点延迟。所以，我们可以把最后期限定为 3 月 1 日。因此，我们以“3 月 1 日之前……”开始交谈。

现在，看看我们要处理什么行为，该如何衡量它呢？很简单：干扰或者不干扰。我们想要一个事件，一个可测量的、时间跨度很短的事件，我们大体上以德雷克的行为为样本，并用一个标准来衡量它。

让我们来试试这个："在 3 月 1 日前，你必须做到在一次完整的每周运营会议中，不做任何干扰。"

注意，这里我们说的是"试试"。没有一个广泛认可的方法，可以帮助任何人在任何技能或能力上变得更好。太多的管理者会错误地认为："哦，肯定有一个正确的方法来做这件事，但我不知道，而且有犯错的风险，所以最好不要去尝试。"与其因为追求完美而放弃其他尚可的做法，我们不如采取一些措施来帮助德雷克。如果他们的工作不完美，我们不会在乎，只要德雷克能取得进步，我们就会去尝试。

当我们进一步观察德雷克的时候，我们发现，他可以减少干扰的方法就是不说话。这显然不是一个很好的解决办法，因为他要通过说话来完成工作。并且，如果在取样期间德雷克不说话，那表明他并不是习惯于去干扰别人的。因此，我们必须在目标中增加一些措施，来解决这个系统的潜在矛盾。

我们最后得出这样的结论："3 月 1 日前，你必须在一次完整的每周运营会议中，不能产生任何干扰，并且至少要有五次产出贡献。这听起来怎么样，德雷克？你觉得我们能达到这个目标吗？这合理吗？能实现吗？"如果在我们开始的第一个月里，让德雷克在每次运营会议上平均有七到九次产出贡献，然后再改变他工作的质量标准，这也没问题。

步骤 2：协作以谋划资源

现在我们有了目标，但如何达成呢？如果你不知道该怎么办（不只是你一个人不知道），那你有点不自信了。你不需要知道如何让一个人自始至终都不打扰别人，你只要知道如何让他们开始学着不打扰别人。

我们通过共同谋划下属可用的资源来达到这个目标，以使我们教练他们的那项技能更加有效。我们的教练计划包括：找出哪些资源是可获得的，并在不知道哪种资源最好的情况下，利用好它们。如果我们不这样做，那么我们都将被限制在自己所熟悉的、并且有信心教练别人的事情上。这将意味着，对于管理者和下属来说，教练机都会非常有限，组织就会在成长方式及前景上，突然受到极大的限制。

在“管理者工具”栏目有关教练的内容中，有一个任务是读一本可能有用但实际上无用的书，这没什么问题。你可能会说，阅读那种书是在“浪费”时间，在某种程度上，你是对的。但为了避免犯错，我们大多数人什么都不做。

对于大多数管理者来说，这是一个很难理解的概念。我们似乎都想要一种银色子弹[①]——快速而简单的，能一次性不费脑筋地解决问题。但请停止寻找吧（因为根本不存在），开始思考可能有用的事情。当他们这样做的时候，应该庆祝他们在目标方向上的进步；当他们不这样做的时候，就把它当作一个教训。（也许这一点让我们可以理解，为什么我们要在 DBQ 的期限上增加几个月的时间。我们不是要在严格的交货期限前交付产品，我们是在帮助别人获得提升）。

我们该怎样谋划资源？与下属一起坐下来进行头脑风暴。你也可以像我和温迪一样，在电话中商讨。我们依据“场景预设”中相关播客中规定的原则，来实施头脑风暴。我们花了 2~3 分钟时间，列出了一系列我们认为可能会对下属在学习和实施新的更好技能方面有用的资源。

假设你在教练下属，希望提升他们的会议管理技能，就像我们在上面的例子中所说的目标一样。你也许会列出以下这些：Google、Toastmasters[②]、

① 在古老的欧洲传说中，银色子弹被描绘成具有驱魔功效的武器，是针对狼人、吸血鬼等怪物的法宝，后来成为具有极端有效性的解决方法、撒手锏等的代称。——译者注

② 全球性的非营利性事业组织，1924 年在美国加州成立，旨在帮助别人学习如何演讲、倾听与思考，培养学员的领导力和表达能力。——译者注

管理者工具、亚马逊、戴尔·卡耐基[①]、管理者同僚、高管层、罗伯特议事法则（Robert's Rules of Order）[②]、播客、傻瓜大会、会议录像、日程安排训练，等等。

所有头脑风暴的想法都是为了积累数量，而不考虑精确性。这与那些管理者想要的恰恰相反——他们想要银色子弹，这当然是不存在的。我们不是在寻找一个完美的事物，而是在寻找更多可能的东西，希望其中能有一到五个满足我们的需要。认为我们能精确知道如何用一些我们自己并不擅长的技能来帮助别人提升的想法是愚蠢的。

所以，我们需要花几分钟时间写下我们在头脑风暴环节中想到的所有东西。也许某个想法脱颖而出，而另一个则没有。在头脑风暴中，任何事情都可以说，包括花生酱。我们将会在步骤 3 中讨论，是否使用其中任何一个想法或资源。

表 10–1 是一份我们花一分钟可以列出的清单，旨在教练一些喜欢干扰别人的人。

表 10–1　对习惯干扰者的教练清单

坦嫩著作	范德比尔特著作	亚马逊
通知团队	私人教练	谷歌
书籍	预先设定的奖励	博客
每周报告	体检作弊	每周签到
道歉要求	人际交往能力等级	礼仪学校
秒表	YouTube 视频	播客
礼仪教练	自我报告	管理者工具论坛
花生酱	影响力图书	礼仪小姐学员

① 美国著名人际关系学大师，美国现代成人教育之父，西方现代人际关系教育的奠基人，被誉为 20 世纪最伟大的心灵导师和成功学大师，代表作《人性的弱点》。——译者注

② 是一本由美国将领亨利·马丁·罗伯特（Henry M. Robert）于 1876 年出版的手册，搜集并改编美国国会的议事程序，使之得以在美国民间组织中普及，也是目前美国最广为使用的议事规范。——译者注

步骤 3：协作以制订计划

我们已经有了目标，也有了很多可以达成目标的想法，现在该怎么做？现在我们也只是制订了前几周的计划——我们会采取一系列措施，帮助德雷克学习和提升自己的行为。如果我们认为，它是一种很棒的免费资源的话，我们可以使用其中的一种或同时使用两三种。也许，我们可以只使用一种资源（比如，去其他会场拜访几天），直到我们可以使用从亚马逊上购买的会议书籍《简明会议指南》（*Meetings for Dummies*）为止。

每个计划的步骤中都有三个部分：期限、行为和任务完成的报告，这是任务本身具有的。而报告（参见下面的列表）使任务变得可交付。

下面是一些来自不同计划的任务示例，分别展示了这三个部分的内容。

◎ 在 7 月 15 日之前，把你在亚马逊上购买的《沟通问题书》这本书的收据，通过邮件发给我。

◎ 在 5 月 7 日之前，给我发个邮件，说说你通过收听“管理者工具”播客学到了什么。

◎ 在 3 月 19 日之前，给我发个邮件，写上三位可能的导师的名字。

我们想让下属在我们为之创建任务的资源中投入大量精力，因为他将是做这项工作的人。不要期望下属像我们那样学习。可能迈克尔喜欢自己读书，而我喜欢有导师指导，两者没有对错之分，只是方式不同而已。这是对行为多样性的一种尊重。

现在，让我们回到德雷克的例子中。假设德雷克真的喜欢上课，这很好。我们可能会为培训做些预算。但我们建议你从低成本的东西开始，比如读一本书，找一个导师，听一个播客，或者阅读一个博客。选择两种资源也没有什么问题：一个是德雷克想要的，一个是你想要的，大概是因为你知道什么可能是最好的，而德雷克也知道什么可能对他最有作用。

请注意，许多管理者会感到惊讶的是：我们只会做一到两个星期的计划，我们不会做整整六个月的工作计划。这个时间段太长了，我们知道得不够多，而且从现在到那时候，事情会发生10倍以上的变化。我们永远不会用那种完全计划的模式来教练任何人。

然而，在我们开始使用资源去创建可交付成果之前，我希望你学着对任务创建和分配进行不同的思考（我们每年都要在100多场高效管理者培训会上这么做）。想想你和你的团队成员。假设你给团队的每个成员分配了一个特定的、与专业发展相关的书籍阅读任务，并给他们一个月的时间去做（假设书的内容足够短，不会带来负担）。告诉他们，你想让他们读书，读完后在月底和你一起坐下来，讨论他们学到了什么。你不会给他们提供书，但你会让他们自己买书后找你报销（书很容易买到）。你相信他们已经读过了，你会让他们按自己的节奏读书，只要他们愿意在月底讨论心得就行。

现在，回答一个是或否的问题：在月底的时候，你的团队能有一半人读完书，并且能够和你一起讨论吗？

在我们的会议中，30个人中可能有5个人会举手示意完成了。

像大多数管理者一样，你知道，如果你分配额外的工作，并给它设置一个很长的期限，那这个工作就不可能完成。这是我们在教练下属时学到的。即便让他们提升是必要的（因为他们表现不佳），大多数下属也会纠结很长的时限。很多管理者认为，这是对员工的信任，避免对他们进行微观管理。即使这些想法很崇高，但如果它不起作用，就没有任何意义。

30天的任务不仅有问题，它们还是最大的阻碍，但不是唯一的问题。我们还发现，如果我们按周分配任务，并且每周都检查的话，那紧急的日常活动通常都会被优先处理，这会导致教练“项目”立即被延迟一周，然后在新的一周时又会后延几周。

在某种程度上，你知道紧迫感是促成组织行为的关键驱动力。你知道，如果你必须做某件事，而且它也没有最后期限，所有其他的事情都具有同等地位，那你就会先做有期限的任务，这些任务需要汇报执行，而不会先做没有期限的事情。

在过去的 25 年里，我们通过成千上万的教练案例认识到，帮助别人提升的最好方法是设定短期任务。

最后期限带有强制性，但也被认为是推动教练成功最合理和最可行的因素。你不需要聪明的学习技巧或特别的预算，也不需要专人来分析下属的学习方式。可达成的和合理的期限比其他任何东西都更能驱动行为。

因此，MTCT 所做的就是，利用我们所知的人类组织行为，去设定短期时限，完成可执行的任务，增加任务完成的机会。

以下例子说明了我们是如何考虑，甚至雇用一个私人教练的，这是表 10–1 中所列出的资源之一。

◎ 周一下午 3 点之前，给我发送一份在亚马逊上购买的五本书的清单，这些是你认为可能对提升沟通、养成习惯或处理干扰有用的书。

◎ 周二上午 11 点之前，给我发送一份你买书的收据。

◎ 周四中午之前，给我发送一张你桌上图书的照片。

◎ 周五下午 3 点之前，给我发送一份关于你所买的书中第 1 章的三个总结性句子。

你也许会想，周一的交付成果是什么样子的。在你反应过度并称之为微观管理之前，我会说它不是微观管理，它就是管理。它是在鼓励有效的行为以获得结果。

在这周结束的时候，德雷克将会阅读本书的第 1 章，而绝大多数的管理者甚至不能确定，他们是否有一半的团队成员在一个月内去读这本书。

在某些情况下，通过将任务以小时为单位推进，我们就可以在第一周开始阅读一本书。我们也会帮助德雷克认识到，他已经完成了一些事情：他已经按时完成了好几件可交付成果，他不会担心他之前老是拖延一个月时限的任务了。在我们下一次的一对一沟通中，他开始说，他完成了之前约定的全部五项任务了。

这种成就感是不容忽视的。它会让德雷克接下来几周里更加努力，即使在他还有别的任务时，他也更愿意继续致力于自我提升项目。

还要注意那些没被完成的任务的作用，直到它们被报告“已完成”为止。是的，当执行者结束任务时，工作在他的脑中是“完成”的，但是这种工作对组织没有价值，直到组织知道它确实完成了。这就是分配任务和分配一个可交付成果之间的区别（参见“场景预设”）。

此外，请设想一下，当下属完成了任务，而管理者还不知道任务已经完成的情况。为了使其他工作能够完成、分配或汇总，管理者需要知道第一个任务已经完成了。如果它已经完成，而管理者却还不知道，在这种情况下，谁是最好的帮助管理者了解工作已完成的人呢？

答案就是下属。有两个原因：第一，下属是第一个知道情况的人，报告情况对于工作的执行者来说会更简单；第二，下属汇报比管理者自己去发现工作已完成所花的时间更少，单位时间成本也更低。

这样一来，我们就可以不分配阅读书中一章的任务了，比如，我们分配对阅读做报告这一任务。

这里还有一些重要的东西。成人学习模式提示我们说，我们是通过做事来学习的。只要有可能，我们就要找机会观察下属参与的我们想要的行为，为我们所观察到的事物对下属做出反馈，从而使之成为一种常规的、短期性的任务。

这一点怎么强调都不为过。如果行为不改变，那世界上所有的课程、所有的书、所有的导师也就没有意义了。至于人际交往行为（此处指干扰），我们的下属每天和每周都可能做得更好，也可能没什么进步。

在这种情形下，分派可交付成果，让管理者可以看到下属接受教练的行为可能是这样的：

◎ 在我们本周的所有互动中，对你我之间互动的干扰保持在 2 次以下；

◎ 在我们本周的所有互动中，对你我之间互动的干扰保持在 1 次以下；

◎ 在我们本周的所有互动中，对你我之间互动的干扰次数为 0。

我们可以在第 1~5 周分配第一项任务，在第 6~10 周分配第二项任务，以此类推。另外，因为这些任务涉及作为管理者的我们，所以不要要求随时报告。它们本质上属于可交付成果，任务因被报告人（管理者）而产生。

步骤 4：下属对计划的反应和报告

步骤 4 将带我们完成最后的努力。一旦我们协作设定目标和谋划资源，我们就已经协作完成一些短期的任务了，就可以让下属开始工作。

方法就是我们每天或至少会定期通过邮件得知任务的完成进度，我们每周也会通过一对一沟通来简单讨论下属的进步情况。如果我们是在教练某位下属，我们希望，下属会在当周一对一沟通时简单告诉我们他自己的进步。一般来说，我们会一直等到一对一沟通结束，我们不会让下属浪费他自己的时间，来告知我们项目的进展情况。我们会告诉他，我们将在已经安排好的日程中讨论这个问题，或者我们将在一对一沟通的“未来”部分中讨论它。

在每周一次一对一沟通上，我们会回顾已完成的任务，重新安排未完成的任务，并根据我们当前的进程，来创造新的可交付成果。这可能会让我们回到谋划资源的环节中去。

如果下属没有完成所有的任务，我们该怎么办？当下属完成了所有的任务时，我们又该怎么办？

当他们没能完成上周工作内容时

如果下属没能完成上周工作内容，我们会给下属负面反馈。这里有几个例子：

管理者：德雷克，我可以给你一些反馈吗？

下属：当然了。

管理者：你没有按时完成教练内容，增加了后面的工作。你可以做些改变吗？

下属：当然，我会表现更好的。

管理者：我可以给你一些反馈吗？

下属：好的。

管理者：你没有去见你的导师，我担心你是否还想变得更好。

下属：是的，老板。我会回到正途的。

管理者：我可以给你一些反馈吗？

下属：当然。

管理者：如果你不告诉我任务已经完成了，我就不了解你做得怎么样。

下属：谢谢，老板。

管理者：德雷克，我可以给你一些反馈吗？

下属：当然。

管理者：当你在员工会议上两次打断别人时，你的进步就慢下来了。

下属：谢谢，我会更加努力的。

反过来，为什么不对德雷克已经完成的可交付成果给予积极的反馈呢？看看我们上面提到的一些可交付成果，你能不能悟出其中的含义？

当他们完成所有任务时

短期的计划意味着你在一两周后就可以很快回头再做计划。很多管理者都很惊讶，他们在第一周内分派下去的五到十个非常短的任务，在第一周内甚至是一两天就完成了。（是的，有些人会抱怨，想要回去再分派长达一个月的任务，他们知道这是行不通的，虽然这样管理起来容易得多）

当下属完成了所有的任务时，我们只要在下次一对一沟通时坐下来，或者拓展一下下属正在使用的资源（更多的导师会议、更多要读的书的章节、更多要参与的严禁干扰的会议、不形成干扰的更积极的反馈），或者回到我们的资源列表，看看是否我们可以用些什么来帮助下属朝着目标努力。

当某种特定的资源似乎不起作用时，我们就要停止使用它。这对于记住我们和我们的下属在风格或行为倾向上何时表现出不同尤其重要。如果你是一个完美主义者，而你的下属属于高能量的销售型人才，不要强迫下属多读五本书了。例如，可以让你的下属去找一个导师，一个伙伴，或者参加一个研讨会。

这是 MTCM 的一个详细的例子。下面，我们将对它进行延伸讨论。

如何开始教练

先进行为期 12 周的一对一沟通，之后八周只做正面反馈，之后的八周正面和负面反馈都要给出。现在是时候逐步引入教练了。在你每周的员工沟通之外留出时间，看看 MTCM 的四个步骤。如果你有时间，为下属提供一些关于最后期限、行为、质量（DBQ）目标的例子，以及在短期内如何把高效的任务变成可交付的成果。

你已采用了一对一沟通，并在三周后开始实施。在 12 周的一对一沟通后，开始提供正面反馈。再等八周的时间，再开始提供负面反馈。

八周之后，你再开始对一两位优秀员工进行教练。在这一滚动过程中，已经过去了 31 周，大约八个月时间了。

一开始就对所有人进行一次性教练不是个好主意。尽管这不会占用像一对一沟通那么多的时间，但就许多管理者的感受来说，教练的强度更大。对表现更优秀的员工进行教练会更有意思，因为你可能会觉得，教练他们不一定要像教练表现不好的员工那样，“一定要求有所提升”。

在通过一两次成功的教练课程而训练出一些优秀员工之后，再向你的整个团队推广。

11

学会授权，把时间留给更重要的事

做好授权是我的“管理者工具”栏目联合创始人迈克尔·奥森尼成为一名高管的核心原因之一。早在他作为一名软件开发经理时，他就认识到，他的工作已经从解决技术问题，转变成让其他人更有效地解决问题了。他的工作从关注技术变成了关注人。当他得到晋升时，他意识到自己的工作又发生了变化——从利用他人的技术能力，变成了利用他人的人际能力。而且他发现，如果他雇用或提拔了合适的人，他可以放心地让他们承担越来越多的责任。他也会逐渐授予他们越来越多的责任，以帮助他们成长。

迈克尔意识到，他个人可以做得更多，一直以来他都因被信赖而做了更多的事。他极大地受益于他的上级给了他更多的事情去做。

学会授权是成为高层管理者的过渡阶段。太多管理者认为，因为他们在促成事情的完成上比下属更聪明，也更高效，所以他们应该试着靠自己做得更多。这种情况维持不了多久，我也看到过无数次失败的情景。一位精力旺盛的管理者会越做越多（很可能会工作更长的时间），而且会获得成事的美誉。最后，他们会得到他们认为的“很大提升”——达到高层管理者的级别。两年之后，他们会“辞职去追求更多的机会”。

发生了什么？他们没有学会信任下属，也没能学会以管理者的方式授权。然后，当他们得到“很大提升”时，他们的工作量会增至三倍。而且，作为高层管理者，他们必须花费大约三分之一的时间与别的高管沟通，为了促成事情的完成而建立联系。

所以现在，他们有了之前三倍的工作量，而他们完成工作的时间减少了三分之一。而且，他们还未培养出一批可放心授权的管理者，他们也不知道该怎么去培养。此外，他们埋头于追求他们极力想要得到的新的工作岗位。他们被要求主动辞职而不是被开除，因为开除高管看起来很不好。

如果你是位管理者，那么获得长期成功的秘诀就在于掌控授权的艺术。

在我们讨论为什么和怎样授权之前，我们需要对什么是授权以及什么不是授权做一个重要区分。工作在你和下属之间传递并不是授权，这可能只是一个简单的任务分配。

我们怎么知道什么是任务分配而不是授权呢？我们可以举例来说明何为任务分配。假设你是一位软件开发经理，你管理着一支为一家工业企业编写软件代码的团队。你支持的一个团队是生产部门，而生产部的副总裁经常要求你的团队支持他正在做的事情。

一天，副总裁走过来跟你说：“我们有一个新机器人，我们需要为它写些代码。你能在周末之前完成吗？”如果你同意了，就接受了新的任务。但是，这是你作为软件开发团队的领导者所应承担的责任。你作为领导者的角色意味着，你相当于一个交换中心，将任务分配给团队相应人员（通常情况下是这样）。当一项任务不属于你的常规职责时，你就不是在进行任务授权，而是在团队成员之间分配。这就是任务分配的例子。

而授权是在永久或长期的基础上，将你的一项常规职责——你经常会做的事情——转交给你的某位下属。

任务分配与授权是不同的（参见“场景预设”）。

解决麻烦的终极之道——层层授权

我想带你了解一下工作量管理场景，这是我们经常会与参加我们的高效管理者会议的管理者们一起分享的。假如你是一名有五位下属的管理者，图 11-1 表示你每周的管理工作量。这个盒子本身代表着你每周工作的 50 个小时。把它想象成“含有”50 个小时的工作。我知道你们的工作时间比这或多或少，但请允许我简化一下。这个盒子里的每一个球都代表了你的一项责任——你每周要花时间做的事情。你会注意到，有 5 个大球和 15 个小球——总共 20 个。简单起见，我们假设你的组织里每个人都有 20 个球，每个人每周工作 50 个小时。当然，这并不是完全正确的，但这只是模拟组织中讨论工作量的一个合理的方法。

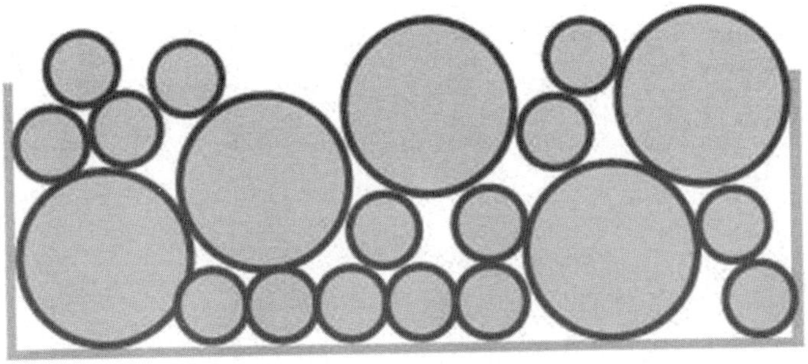

图 11-1　工作量示意图：20 个球

盒子里的每一个大球代表你的核心职责之一。显然，你会在你的核心职责上花更多的时间，所以它们在你每周的50个小时里占据更多的空间。此外，我们将假设，你在任何一个最重要的职责上花费的时间，比你在任何一个更小的职责上花费的时间要多五倍。每个人都在最大职责事项上花更多的时间，这并不总是正确的，但道理应该是这样的。盒子里，球的大小既代表了它们的重要性，也代表了你花在它们身上的时间。

你也会注意到，盒子是满的。显然，你无法再放另一只球到盒子里了。当然，确实如此，不是吗？我们一直在告诉我们遇到的每个人，我们有多忙，我们没有时间做更多的事情。

你可能会认为，如果你能把球之间的空隙用工作来填满，你就能从一周的工作中得到更多，但那是不大可能的。你必须吃午饭，必须去洗手间，必须在精神上得到休息，你可能每天需要和家人交谈或发一到两次消息，有时你会花 15 分钟时间上网，了解体育比赛成绩，你不可能达到 100% 的效率。两球之间的空隙代表了我们自然的无效率状态。让它们变小一点是没错的，但它们永远不会消失。

但突然之间，事情开始变得有趣了。当你坐在办公桌前，处理你已经拥有的 20 个球时，你的老板（副总裁）要求你承担他一直在做的职责事项。他这样做的原因是，CEO 刚刚承接了一个新的大客户，他将一些职责推给了首席运营官（COO），他也对你的上级，即副总裁做了同样的事情。然后，他也会这样对你。

你马上意识到，这件事将会占据你很多时间——它不是任意某一个球，而是一个很大的球。

突然，你有了 21 个球，现在不是 5 个，而是 6 个大球了（见图 11–2）。而且，在你当前的工作周里，已经没有空间容下这个新的工作了。你的盒子——你每天的职业生活，不再平静，你不得不做次改变了。

在你为此问题找到解决方法之前，面临着一些限制。你无法再延长工作时间。盒子的尺寸已达到你的伴侣或身体所能允许你工作的绝对最大值了。你可以短期内多工作些时间，但这不是你通宵工作几个晚上就能完成的。这是你新的永久性工作职责的一部分。这之前它是你上司的职责，这就意味着它的确很重要。

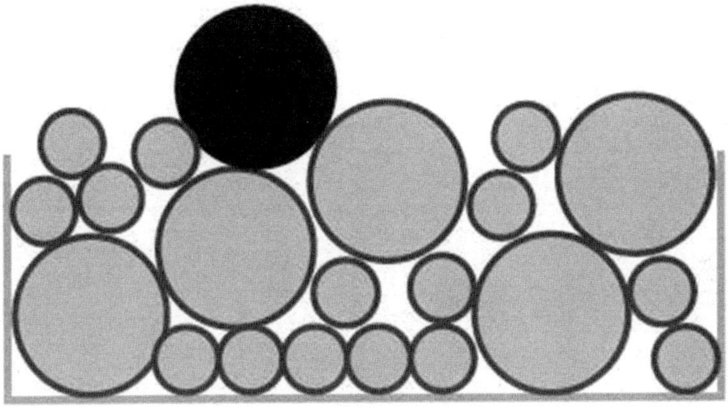

图 11–2　工作量示意图：21 个球

你没法“更聪明地”工作了。随着时间的推移，我们都会在工作上变得更聪明，我们也可以做得更多，但在这里行不通。你无法立即变得聪明到足以应对新的圆球所对应的工作。你也不会突然就变得更擅长做好剩下的职责工作（应付剩下的圆球）。

当然，你不能说不。你已经告诉你的上司，你想要承担更多的职责。对你而言，拒绝被要求做的事情是不明智的。

当然了，解决方法就是进行授权。

如果你回头看看图 11–2，你可以看到有三个选项：将大黑球代表的任务授权、将某个大灰球代表的任务授权、将某个或多个小灰球代表的任务授权。

让我们逐一看看这三种选择。

将大黑球代表的任务授权

将你的新职责工作（大黑球）进行授权是一个极坏的主意。因为你还不知道该怎么做。如果你不知道怎么做，你怎么帮助你所授权的下属学会怎么去做呢？你怎么知道下属是否循着正确的路径在做呢？你是否会就他们的所有问题求助你的上级呢？你需要在你授权之前理解工作（请记住，你之前从没做过它）。

不要把你的上司刚给你的新职责工作授权给你的下属。在你考虑授权之前，先学习它，并掌握它。

将某个大灰球代表的任务授权

乍一看，这么做很合理。如果你想授权一些事情，为什么不授权一个项目呢？它涉及的麻烦事更少，对吧？只有一个问题。我们想象一下，你的下属有个盒子，就和你的一样，他们的时间也存在伴侣或身体方面的限制，他们也已经有了 20 个需要负责的项目。

当你将小球代表的任务之一授权给你的下属时，它看起来像是什么呢？看看图 11–3。

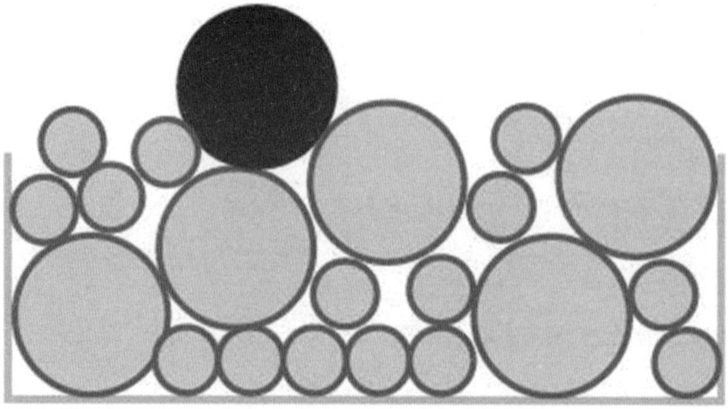

图 11–3　将你的小球代表的任务之一授权

为了避免你听不懂，我们再说一遍。这就是当你将小球代表的任务之一授权给你的某位下属时所呈现出来的样子。

你的一个小球对你的下属来说是一个大球。

下属不知道该如何去做任务，但你对他们的期望却很高。事情很难办，他们需要花更多的时间去完成。因为这是你之前常做的事情，很明显，它将会与任何他们已经在做的或花了时间做的大球代表的任务同等重要。

为什么你不应该把你的某项大圆球代表的任务授权给你的下属？因为它会越变越大，会毁掉你的下属。因为球在组织层级里向下推移时，会逐渐变大，可能会导致你的下属崩溃。

如果你想把一个大的球分给多位下属去处理，那通常也不是什么好的计划。我们已经实验过了，如果很容易把球分开，那么球很可能已经被分成较小的球了。另外，你最终会花费比你想象的更多的时间来协调你分派的工作，所以你就没法省出你想要或需要的时间了。

将某个或多个小灰球代表的任务授权

既然我们已经排除了所有其他的选项，那这个答案肯定就是正确的答案。让我们再看一下图 11-1。假设五个小球的尺寸等于一个大球。所以，为了让你有足够的时间来完成你上司授权给你的那个大黑球代表的工作，你需要完成五个小球代表的任务授权。

最好的解决方式是，把五个小球代表的任务分别授权给不同的下属。现在，你成了重要的组织行为模式的一部分，这种模式能帮助良好的组织变得更加优秀。

CEO 和他的新客户一起过来，结果是，他把他的职责工作之一授权给了 COO，

COO 又将他的职责授权给副总裁，而副总裁又把他的职责授权给你，这就带来了组织责任的下沉。这种情况叫作层层授权。

在我们出席过的许多会议上，我们在此问题上都被打断过。我们被告知，我们的推理是有缺陷的。“当你处于最低水平时，模型本身会‘崩溃’，因为向一线经理报告的个人，没有任何人可以给其授权。他会被任务压垮的！”

其实不会。个人会停止做某事（或者更具体一点，还是用数字来说明，就是停止做五件小事）。我们把这叫作“向底层授权”。

“等等，”你说道，“个人不能只是停止做某事。”呃，实际上他可以这么做。组织面临的选择是，CEO 是否接受价值数百万的新客户业务，并必须授权一些事情，而在组织最底层的下属是否要把与新客户相比微不足道的事情放在一边。如果我们要保护个人所做的一切，我们就要迫使公司停止接收新的客户、新的收益和在市场上的新机会。这一切都因为“每个人都很忙”。

当然不行。

这个例子确实简化了。但是，放心，这是 CEO 期望整个组织会发生的事情。而且，关于他们可能会“向底层授权”一事，需要个人贡献者做出更多决定（并且正如你所想的，可以参见“场景预设”栏目）。

什么是有效的授权模式

既然我们知道了为什么需要授权，我们就需要知道怎样授权。一旦你决定要授权给下属，实际的授权过程就相对简单了。最初的对话只需要很少的时间，可以在某次一对一沟通或一个合适的时间内进行。授权有以下五个步骤：

◎ 陈述你的求助意愿；

◎ 告诉他们你授权的原因；

◎ 要求明确的接受答复；

◎ 详细描述任务或项目；

◎ 强调期限、质量和报告标准。

陈述你的求助意愿

这很简单。“莎拉，我想要你帮忙。”当我们在会议上向管理者问道：“如果你的上司叫你帮忙，你们中会有多少人答应而不去管任何细节呢？”90%的管理者会说是的。只是要求帮忙的话，几乎可以肯定你将能够把相关活动授权给你的下属。

注意，我们不会说：“布莱恩，你能帮我个忙吗？”这并不是个人请求，它是工作请求。我们问得很和善，但不是要让它成为个人事项。

我们也不会说：“莎拉，我需要帮忙。”“需要”这个词会给下属一个印象，让他们觉得自己没得选，但是最好的授权应该是可以让下属说不。

告诉他们你授权的原因

比如，你会说：“你是我最好的写手。”我们不是在讨好莎拉，我们是试着帮她理解我们选择她的理由。我们并不是凭空捏造这项任务的，我们想让莎拉知道，我们仔细考虑过这件事，也相信她是做这个工作的合适人选。

你怎么知道你的哪个下属是适合做这件事的？有一个简单的指导原则可以帮助你。我们假设，你花了很多时间去了解你下属的长处和弱点，对此也不会有任何问题。

了解一下你下属的四个方面的能力，再决定授权他们什么任务，即他们擅长什么，他们喜欢做什么，他们需要做什么，或者他们想做什么。一般来说，不用管你自己擅长什么，或者你喜欢做什么，因为这都与你不相关。在授权你的次要职责工作时，你不应该考虑自己，它们对你来说没价值，但它们对你的下属很有价值。不用考虑你自己，也不要考虑你想要摆脱什么。想想下属们，以及他们能从中得到什么好处。

（1）他们擅长什么。如果你的下属擅长某事，即使你也很擅长，也要授权给他们。不要因为你自己擅长而不去授权，相信他们可以做好。因为你擅长，所以你对他们而言是一种良好的资源。

（2）他们喜欢做什么。如果他们喜爱某个领域，不管他们是否擅长，都可以考虑把相关领域的事授权给他们。不要因为你喜欢而把有些东西紧抓不放，如果下属喜欢，就让他们去做吧。如果你能把一些你不喜欢的事情授权给喜欢它的人，那就更好。

（3）他们需要做什么。如果你有个下属，需要提升技能领域（经常是为了考虑晋升或职业选择），那就在这个技能领域授权他们去做事，帮助他们达到目的。最好的学习方法就是在做中学。

（4）他们想要做什么。如果某位下属有意愿在某一领域发展，那就在那个领域给他们授权一些事情。即使你有类似的意愿，但是从你的小型职责工作中，你也不太可能收获太多。可能的时候，给予他们想要的东西来帮助他们成长。

要求明确的接受答复

在我们告诉下属事项的细节之前，我们会要求他们先接受。别吃惊，先问问自己：你是否会授权给你的下属他们做不了的事情？你会授权可能使他们崩溃的事情吗？你当然不会。也许你希望他们竭尽所能去做，但你确实也会关注他们，不让他们做得太多。

我们也许会说：“你能否替我写月度经营报告？”许多人会对此感到诧异。我们在让莎拉接受之前，没有跟她说明所有的细节，我们只是先让她接受。数据显示，81% 的下属会答应任务授权的要求（假设他们的管理者已经跟他们实行过六个月的 MTO3 了）。在大多数情况下，我们不必通过分享细节来获得肯定回答。

我们这样做的原因之一是，已经同意的下属（其中 81% 的人）更有可能以主人翁和试图解决问题的态度来倾听细节。如果我们等到他们听完所有的细节后再去问的话，他们就会以一种防御的方式倾听所有的细节，会担心工作量和优先顺序的问题。

在提供细节之前，还有另外一个原因要问。如果莎拉没有马上答应，她可能会说："嗯，我可以，但我担心我的工作量会太大。"或者"嗯，好的，但我不知道该怎么做。"

在销售中，这就是所谓的异议。销售人员喜欢提出异议，因为异议揭示了人们所关心的问题。他们的下一句话是："如果我能解决你的担忧，那你会同意吗？"所以，当你授权某项任务时，你可能会说："如果我能帮你解决工作量的问题，你能做这件事吗？"或者"如果我能教你怎么做，你会接受吗？"这个人要么会向你提出更多的担忧（在这种情况下，你要重复这个步骤），要么会答应你。当他们答应的时候，你现在就知道了在处理所涉及的细节时，该如何做出一些小的改变。

详细描述任务或项目

这其实授权过程中的简单部分。跟下属大体讲述一下职责工作是什么，向他们解释一下，他们将在一个合理的水平上做些什么。因为这是你自己正在做的事情，对于如何去做，你是专家。一般来说，你要这么开始："这是我所做的……"

"我每个月是这样写月度运营报告的。我每月 10 号从副总裁的账号里得到原始数据。到 15 号，我会提交一份 200 字的报告，描述我们的产品在市场上的运营情况。我会坐下来，回顾一下计划是什么，以及前一个月的结果如何。然后我会查看详细数据，粗略地描述我认为发生了什么。我会连夜完成草案，然后再回头修改它。通常，我会把它发给我的同事迈克尔，他已经了解了我们的市场情况，我要他确保我的说法行得通。一旦他认可了，我就把报告发给副总裁。起草报告大约会花费我一个小时的时间，然后花 15 分钟修改，每个月都是如此。”

强调期限、质量和报告标准

一旦下属接受了你的授权，你们谈了细节，那么现在，就该做以下三件事了：关注最后期限、要求工作必须达到的质量标准，以及要求报告的频率。

你可能会这样说：“你要在每个月的 15 号写报告，这是报告模板。这是副总裁要看到的工作成果，所以它要尽量完美。在我们进行一对一沟通的时候，我想要看到每周的进程情况，分别用红色、黄褐色或绿色来标示出不同的进展状态。”

12

授权的常见问题和阻力

你应该授权什么事情

如果你仍然在困惑，不知道该把什么事情授权给下属，那你当前可以授权以下四项任务（甚至在某些情况下，可以就这些责任事项做循环授权）。

1. **报告制作**。制作报告不是对你自己时间的有效利用。从报告中获得的知识并不一定要通过制作报告来完成——只需在别人完成报告后读报告就行。制作报告的人将从每周或每月的制作过程中学习这些知识。

2. **会议准备**。不要自己组织会议了。让你的某个下属作为协调人，负责处理议程和准备会议。这样可以让你有更多的时间来做别的事情，乃至更多地关注你的下属。

3. **演示汇报**。你可能很擅长演示汇报，但你的员工也许不擅长。如果你被委派去做一次演示汇报，那就把它派给某个下属，帮助他创建幻灯片（如果有必要的话）并且进行预演。学习做某件事情的方法就是真正去做这件事。

4. **项目设计**。遵循与“演示汇报”相同的流程去做。

下属对授权的要求说不，怎么办

下属对于授权请求的拒绝是建立于关系权力之上，依靠说服模式面临的一种风险；而建立在角色权力之上，依靠命令的模式则不存在这种情况。这是因为你的下属可以说不。

然而，被下属拒绝的风险是值得的。当你运用角色权力去完成某件事时，其实你是从下属那里获得了所谓的“服从性能量”。他们知道自己“不得不做”。他们会做，但他们可能不会对此感到兴奋。想想你的那些为管理严密的、独裁的、不顾关系的上级工作的朋友吧，这耗尽了他们的能量和效率，不是吗？

当你在关系权力中所形成的信任的基础上去说服下属完成某件事的时候，你就会得到所谓的“承诺性能量”。下属知道他们可以说不，但是他们选择说是。这种选择的能力使我们能够全面衡量我们想要他们做出的工作贡献。

当他们说不时，首先尊重他们

在之前的原则说明里，我们说过，当你询问下属问题时，要尊重他们说不的权利，如果你不打算尊重他们的回答，那就不要问。

我们可以通过否定的形式来证明这点。当你问下属一个问题时，你是在暗示下属的答案要有价值，对吗？如果他给了你“不想要”的答案，而你说：“好吧，我觉得你不明白发生了什么……”那你实际上就是在说：“我希望你说正确的事情，即我想要的，而且你也应该知道，这个问题实际上是抛砖引玉，现在我要通过使用我的角色权力，得到我想要的答案。”

如果你驳回对你的问题的一些回答，你就是在让下属给出你想听的答案，即使它们是错误的、有问题的或不道德的。对诚实答案的拒绝，会导致不诚实的回答。

所以，如果某位下属说不，你有义务接受这个异议。通常，从策略上来说，这意味着要么你要问另一个比大多数管理者期望的好得多的下属，要么你自己来做。当然，从战略上看，这也表明你要努力建立信任关系，问问自己：“是我忽略了什么，还是我没有意识到他的处境？”

绝大多数的否定回答都是基于工作量的问题。有时下属们是对的，他们有太多的事情要做，但是这种情况比大多数人认为的要少得多。当面对更多的工作时，我们中的大多数人都是极其有弹性的。我们可以接受比我们想象的更多的工作量。有时候，必须使良性压力变为精神压力，才能使人们知道界限在哪里。

在提出两次异议后，反思一下你的设想

在你第一次被拒绝后，接受它。无论如何，可以调查一下，试着克服反对意见。然后，尊重反对意见，走开。

如果反对意见第二次出现，那就像第一次那样去做，先调查，试着克服。如果答案还是否定的，那就在你询问别人之前，回头再想想。问问自己：“我是怎么看待他的工作量的？它是否近乎无法完成？这种拒绝是不是意味着我们之间的联系较弱？”回到几周前去找找线索，看看你们关系的变化，可能包括以下几点：

◎ 行为的改变；

◎ 谈话语气的变化；

◎ 邮件变少；

◎ 邮件语气的变化；

◎ 日程的变化；

◎ 情绪的变化；

◎ 出勤率的变化；

◎ 会议表现和互动的变化。

这里要注意一下第二次提出异议的情况。对一个人来说，在连续几次接受任务授权后，来一次拒绝，接下来又是更多的接受，这都是很常见的。如果你再次被拒

绝，不能把那两次拒绝看作一种模式（如果这成了一种模式，我们就应该认为他们会一直说是的）。我们在这里讨论的是下属反复拒绝的情况，将那些不做肯定回答的人作为一种典型。

在被拒绝两次之后，不妨在一对一沟通时花点时间问问下属。实际上，你不必在一对一沟通中问什么；你只需准备进行五分钟的对话，而在下属刚拒绝时问这些问题也不会有什么用处。下属只会捍卫他已经说过的内容，而不是改变方法来分析形势。我们建议，给你和你的下属一些时间和空间去反思。一对一沟通只是为提问提供了一个相对自然的场所而已。

如何授权给下属才有效

授权是实行“三位一体管理”理论最简单的部分，因为你几乎可以立即开始授权。我们建议你先去建立关系，但你也可以加速进行。

相对于在实行过程的最后进行授权，在早期授权中会有一个问题。如果你在实行反馈和教练之前就进行授权，那你就没法自由调动这些工具，来帮助你所授权的下属了。

如果你选择等到你实行完其他三个工具之后，那就以同样的方式去进行实行授权。在你的员工会议上安排出一些时间——30 分钟即可。向下属大致讲解一下授权模式，就像你对其他模式所做的那样。

向他们解释你会慢慢开始，并且你会根据下属在绩效表现和目标上所擅长的、喜欢的、想要的，以及需要的东西来选择授权对象。再次提醒他们，当你让他们接受任务授权时，他们可以说不。

如果想锻炼团队的能力，你不必给他们安排太多的训练课程。只要让他们把工作逐步往下推进即可。你最好的团队成员们会享受挑战的过程的。

后记

我已经分享了许多详细的可执行的原则，以帮助你开始使用“三位一体管理”方法。我之所以分享它，是因为我们都知道它是有用的，也因为它是可以教授的。

并且在所有的细节和推荐中，我希望我并没有掩盖你可以成为一位伟大管理者的内在动力——爱。

如果你想成为伟大的管理者，那就从热爱出发，去做这些事情。我所指的是职业之爱：为了别人的利益宁愿自己冒险的意愿。它指的是，做一些可能对你来说有些困难的事情，以此来表达对你的同事和组织的尊敬。

当需要对你的团队表达敬意时，你可能会有些勉强。你不必抑制自己的正面反馈；你可以用内心的爱来表达负面评价；你可以用善意来传递严厉的话；你不必唐突或粗鲁；你不需要“表现得像个老板一样”；你也不必粉饰强硬的言语。直接一些，怀着善意去做，那就是爱的表现。

当今，为何管理不是以一种体面的方式持续进行，这其中的部分理由是，如今没人教导我们怎么做。同时，也是因为我们对同事和团队成员不再有爱。

但是，事实却并不一定非要如此。请选择更艰难的但正确的道路，而非更容易却是错误的道路。爱是助你到达彼岸的动力所在。

对于“管理者工具”栏目下的长期会员，感谢你们的支持。感谢你们为了变成合乎道德的、专业的和高效的管理者所做的辛勤工作。得知我们的朋友、同事和客户都热衷于倾听栏目——在 2005 年第一周的时候，我们只有 100 位同事——这使得努力使“管理者工具”栏目发展成为一种爱的负累。

对于那些忍受我闲言碎语的人，那些写信让我们的播客保持在 22 分钟——因为那是通勤车的运行时间，而且伴侣不想让你到家了还坐在车里听完的人，那些送我们礼物并写了数百封深刻的感谢信和电邮，以感激我们的播客帮助他们渡过难关的人，我们仍然会继续为你们服务，并深感莫大的荣幸和喜悦。

当我在写这本书时，我想到的全是你们。你们无愧于你们的职位——管理者。

The Effective Manager

ISBN:978-1-119-24460-8

北京阅想时代文化发展有限责任公司为中国人民大学出版社有限公司下属的商业新知事业部，致力于经管类优秀出版物（外版书为主）的策划及出版，主要涉及经济管理、金融、投资理财、心理学、成功励志、生活等出版领域，下设“阅想•商业”“阅想•财富”“阅想•新知”“阅想•心理”“阅想•生活”以及“阅想•人文”等多条产品线。致力于为国内商业人士提供涵盖先进、前沿的管理理念和思想的专业类图书和趋势类图书，同时也为满足商业人士的内心诉求，打造一系列提倡心理和生活健康的心理学图书和生活管理类图书。

《管理问题书：经理人必知的 76 个管理真相》

- 管人、管项目、管钱、带团队，76 大管理难题随手查、全解答。
- 一本写给各级管理人员的管理案头书，让你少走弯路，打通晋升之路，成为高效管理者、成功经理人。

《高绩效团队教练（第 2 版）》

- 教练大师、5C 教练模型开创者彼得·霍金斯倾心之作。
- 创造性提出系统性团队教练的定义，支持团队内部发展，强调与团队外部利益相关者的联结，以此提升整个团队的集体绩效。

《高绩效团队教练（实战篇）》

- 5C 教练模型开创者将系统性团队教练技术付诸实践的倾心之作。
- 在教练方法论、教练对象及教练意识上均有超越。
- 清华大学经管学院领导力研究中心研究员、国际教练联合会（ICF）北京分会会长陈生民作序推荐。